신바람 나게 고득점 딴다

BCT 실전모의시험

Business Chinese Test

商务汉语考试习题解析

신바람 나게 고득점 딴다

BCT 실전모의시험

Business Chinese Test

商务汉语考试习题解析

저   자 范开泰 吳勇毅 顾顺莲
번역 및 해설 최은경
발행인 윤우상
책임편집 최준명, 윤병호
표지 디자인 Design Didot

인쇄일 2009년 5월 6일
발행일 2009년 5월 15일

펴낸곳 송산출판사
주   소 서울특별시 서대문구 홍제4동 104-6
TEL   (02) 735-6189
FAX   (02) 737-2260
홈페이지 http://www.songsanpub.co.kr
등록일 1976.2.2. 제 9-40호

Copyright ⓒ 2007 世界图书出版公司北京公司
한국내 Copyright ⓒ 2009 송산출판사

값 14,000원(교재 + MP3 CD 1장)
ISBN 978-89-7780-126-4   13720

신바람 나게 고득점 딴다

BCT 실전모의시험
Business Chinese Test
商务汉语考试习题解析

范开泰 吴勇毅 顾顺莲 지음
최은경 번역 및 해설

송산출판사

目录

序言

　　成功的语言测试必须从语言教学的根本目的出发，落实到培养学生的语言交际能力上来。

　　大规模语言测试一般有客观题和主观题两种方式。客观题是针对大规模考试的特点而广泛应用的考题类型。不管是主观题还是客观题，教师的命题（选择题干、确定题眼、设置选项）和学生的答题，都要紧紧围绕着"提高语言理解和表达能力"这个总目标。

　　商务汉语是一种有专门用途的汉语，商务汉语教学是一种针对商务语域的汉语交际需要而设计的汉语教学，商务汉语考试是一种检验商务语域的汉语交际能力的考试。

　　本书是一本商务汉语考试辅导用书，主要内容分成试题和试题分析两个部分，另外还有一个词表，作为附录，收录了本书中出现的一些商务汉语特殊用语。

编者

2007年2月

머리말

처음 BCT교재의 번역을 맡았을 때만 해도 HSK강사인 나에게 BCT란 시험은 매우 낯설게만 느껴지는 영역이었다.

이 책을 접하는 여러분들도 그러리라 생각이 되며 대략 뜻을 말씀 드리자면 BCT는 "Business Chinese Test"의 약자로 '토익형 중국어 테스트' 라 하는데 말 그대로 기존 시험에 없었던 말하기 부분과 쓰기 부분을 넣은 유형의 중국어 시험이라 할 수 있다. 누구나 기존의 시험 형식에 길들여져 있다가 새로운 유형의 형식을 대하게 되면 좀 더 무언가 어려운 것 같고, 왠지 하지 않아도 되는 걸 하는 것 같은 느낌이 들게 마련이다.

더구나 어법만 잘하면, 내지는 대충 아는 한자와 맞추어 잘 찍으면 어느 정도 점수를 받을 수 있지 않을까 하는 기대감에 중국어 테스트를 선호하셨던 분들이라면 이러한 긴장감은 더 심할 거라 생각된다. 하지만 언어는 그야말로 '말' 이고 구사 할 줄도 알아야 하며 알아들을 수도 있어야 한다. 이런 개념에서 보자면 BCT라는 중국어 시험은 불필요하다거나 쓸데없는 중국어 테스트가 아닌 정말로 한번쯤은 꼭 봐야 만하는 테스트인 것이다.

또한 시험을 처음 준비하시는 분들께 이 책은 정말 잘 정리되어 있고 좋은 길잡이가 되어 주리라 생각한다. 끝으로 이 책을 내는데 도와주신 한어수평고시 우치갑 선생님께 감사드리며, 차이나로 박귀진 원장님과 김재환 부원장님, 가광위 선생님, 번역을 도와준 한국 외국어 대학교 동시통역과 남혜리 씨께도 감사의 말씀을 드리고 싶다.

2009년 4월 27일
역자
종로 차이나로 중국어 학원
HSK 전문 강사 최은경

BCT란?

비즈니스 중국어시험은 모국어가 중국어가 아닌 사람들이 비즈니스에 종사할 때 반드시 갖춰야 할 중국어 수준을 테스트하기 위해 만든 시험이다. 중국 국가 중국어 국제 지도 소조 사무실에서 북경대학에 위탁해 개발한 것으로, 영문 명칭은 Business Chinese Test이며, 약칭은 BCT라 한다.

비즈니스 중국어시험은 응시자들이 비즈니스나 그와 관련된 분야에서 중국어로 실질적인 의사소통을 하는 능력을 평가한다. 이 시험의 주요 특징으로는 실용성과 의사소통을 특히 강조한다는 점이 있다.

BCT는 언어의 '듣기, 읽기, 말하기, 쓰기' 4대 영역을 중심으로 같은 맥락에서 중국어 학습과 평가를 병행할 수 있다는 장점이 있다. 지금까지는 중국어에 관심을 가지고 공부를 시작했던 사람들이 몇 달 뒤 자신의 실력을 평가하려 해도 적당한 시험이 없어서 문제였다. HSK는 그동안 익힌 중국어와 거리가 먼 어법과 종합 암기 위주의 시험이기 때문에, HSK를 준비하기 위해서는 별도의 시험 준비가 필요했다. 이 때문에 많은 사람들이 6개월을 못 넘기고 HSK를 포기하거나 시험 준비기간에 중국어 회화 실력이 오히려 줄어드는 등 여러 가지 문제점들이 발생하곤 했다.

이제 중국어 학습은 시험을 위한 공부가 아니라 의사소통 능력을 키울 수 있는 학습 위주로 방향 전환이 이루어질 것이다. 아울러 BCT의 실행으로 유기적인 중국어 학습과 평가가 가능해진다면, 중국어 시장 규모 역시 이에 따라 확대될 것이다.

BCT
일정 및 시험구성

비즈니스 중국어 시험은 매년 정기적으로 중국과 해외에서 실시된다.

중국 국가 중국어 국제 지도 소조 사무실 권한으로 비즈니스 중국어 시험을 지도하고, 《비즈니스 중국어 등급 증서》를 발급한다.

BCT는 비즈니스 활동 및 일상생활, 사회생활 중에 사용되는 실용 중국어를 평가하기 위한 토익형 중국어 시험이다. 언어 4대 영역을 ① 독해와 듣기, ② 말하기, ③ 쓰기 등 세 파트로 나누어 시험을 실시하며, 성적표도 발급한다.

영 역	입실시간	시험 시간
듣기 · 독해	09:20	09:40 ~ 11:20(100분)
말하기 · 쓰기	11:35	11:50 ~ 12:40(50분)

BCT

활용도

비즈니스 중국어 시험은 전 세계에서 실시되고, 해당 인원의 비즈니스 중국어 수준을 평가하는 여러 가지 기관과 개인에 적용될 수 있다. 주요 용도는 아래와 같다.

(1) 인력 채용·선발·승진 등의 과정 중 관계자들의 비즈니스 중국어 수준 평가 근거 제공
(2) 교육·훈련기구의 학생 모집·배치과정 중 학생들의 비즈니스 중국어 수준 평가 근거 제공
(3) 중국어 학습자들이 자신의 비즈니스 중국어 수준을 파악·제고하는 근거 제공
(4) 교육·훈련기구의 교육훈련 효과를 평가하는 근거 제공

BCT
등급기준

비즈니스 중국어 시험은 응시자의 비즈니스 중국어 수준을 다음과 같이 5등급으로 기술한다.

등 급	기 준
1	비즈니스시 아직 중국어로 의사소통 할 능력을 구비하지 못한 자
2	비즈니스시 중국어로 기본적인 의사소통 할 수 있는 자
3	비즈니스시 효과적으로 중국어로 의사소통 할 수 있는 자
4	비즈니스시 능숙하게 중국어로 의사소통 할 수 있는 자
5	비즈니스시 자유자재로 중국어로 의사소통 할 수 있는 자

비즈니스 중국어 시험은 '듣기·읽기'와 '말하기·쓰기'의 두 가지의 독립적인 시험으로 구성된다. 수험생은 단독으로 그 중 한 가지 시험에 참가할 수 있고, 두 가지 시험에 모두 참가할 수도 있다.

비즈니스 중국어 시험 듣기와 읽기의 점수 범위는 0~500점이며, 각 등급은 100점 단위로 구분한다. 듣기·읽기의 총점은 듣기와 읽기 항목의 점수를 합한 것이다. 따라서 점수 범위는 0~1,000점이며, 각 등급은 200점으로 구분한다.

등급	듣기	읽기	듣기·읽기 총득점
1	0-100	0-100	0-200
2	101-200	101-200	201-400
3	201-300	201-300	401-600
4	301-400	301-400	601-800
5	401-500	401-500	801-1,000

비즈니스 중국어 시험 말하기·쓰기의 등급 점수는 아래와 같다. 각 항목 성적 점수 범위는 0~50점이며, 각 등급은 10점 단위이다. 말하기·쓰기의 총점은 개별 항목의 점수를 합산한 것이며, 점수 범위는 0~100점이고 각 등급에 20점 단위이다.

등급	말하기	쓰기	말하고 쓰기 총점
1	0-10	0-10	0-20
2	11-20	11-20	21-40
3	21-30	21-30	41-60
4	31-40	31-40	61-80
5	41-50	41-50	81-100

수험생이 적합한 절차를 거쳐 듣기·읽기 혹은 말하기·쓰기 시험에 참가하면 그에 상응하는 성적표를 얻을 수 있다.

BCT
증서발급

듣기·쓰기 총점이 201-400점인 사람은 2급《비즈니스 중국어 수준 증명서(듣고 읽기)》를 발급받을 수 있고, 3급·4급·5급도 이와 같다.

말하기·쓰기 총점이 21-40점인 사람은 2급《비즈니스 중국어 수준 증명서(말하고 쓰기)》를 발급받을 수 있고, 3급·4급·5급도 이와 같다.

단, 비즈니스 중국어 시험은 1급 증명서를 발급하지 않는다.

시험 성적은 시험에 참가한 당일로부터 2년까지 유효하다.

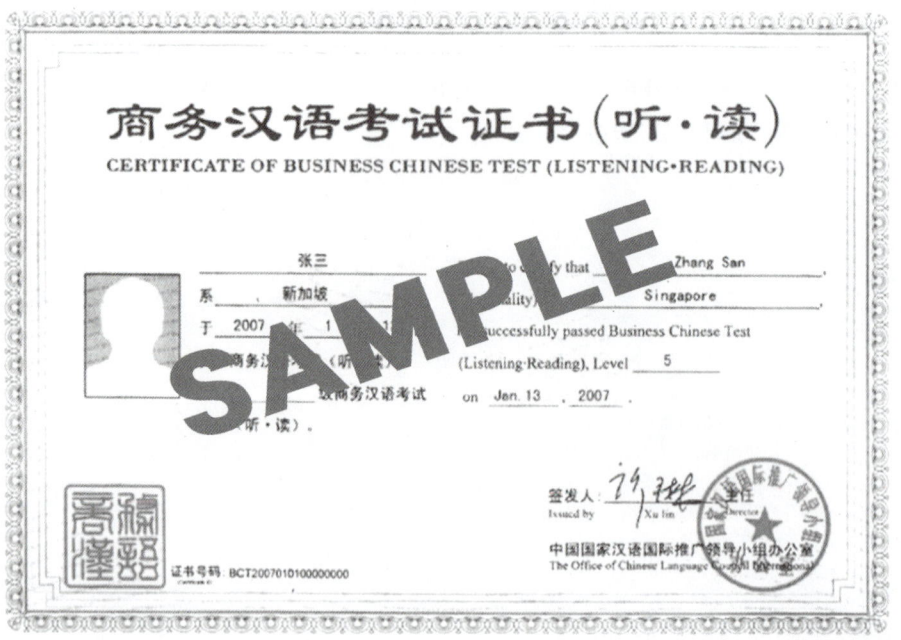

< 증서 예시 >

BCT
운영위원회

국가 중국어 국제 지도 소조 사무실 고시처(국가 중국어 수준 시험 위원회 사무실), 북경대학 비즈니스 중국어 시험 연구 개발 사무실은 국내외 인사들에게 비즈니스 중국어 시험의 컨설팅 서비스를 제공한다.

国家汉语国际推广领导小组办公室考试处
국가 중국어 국제 보급 지도 소조 사무실 고시처
전화: 86-10-88026478
전자우편: kaoshi @hanban.edu.cn
웹사이트: http://www.hanban.edu.cn
북경대학 비즈니스 중국어 시험 연구 개발 사무실
전화: 86-10-62758874
전자우편: service@bcthome.cn
웹사이트: http://www.bcthome.cn

한국 BCT 운영위원회
주 소 : 서울시 중구 서소문동 58-9 중앙빌딩 1층 < 한국BCT운영위원회 >
우 편 : 100 - 814
전 화 : 02-6363-8830
팩 스 : 02-6363-8899
E-mail : bcttest@joongang.co.kr
Homepage : http://www.bctkorea.com

BCT

실전 모의시험편
1회, 2회

商务汉语考试仿真题一
（听·读）

试　卷

注　意　事　项

一、考试包括两项内容：

    1．听力理解（50题，约40分钟）

    2．阅读理解（50题，60分钟）

    考试时间约需100分钟。

二、注意试题的说明，按照说明要求的要求回答问题。

三、答案必须写在答卷上。做选择题时，请用铅笔在在答案中涂黑代表正确答案的字母，每题只能涂黑一个字母，如：[A] [■] [C] [D]，多涂作废。请注意，字母一定要涂得粗一些，重一些。做填空或简答题时，请将答卷写在答卷的横线上。

四、请在规定的时间内做相应的试题。

五、遵守考场规则，听从主考的指令。考试结束后，请把试卷和答卷放在桌上，等监考人员收回、清点无误后，才能离场。

一、听 力

(50题，约40分钟)

第一部分

> 说明：1—12题，在这部分试题中，每一题你将听到一个人问一句话，另一个人说出ABC三种应答。请你选出最恰当的应答。问话和应答都没有印在试卷上，只播放一遍。
>
> 例如：第5题：你听到一个人问：……
>
> 你听到另一个人应答：……
>
> 最恰当的应答是A. 王经理。你应该在答卷上涂
>
> [■] [B] [C]。

1.	A.	B.	C.
2.	A.	B.	C.
3.	A.	B.	C.
4.	A.	B.	C.
5.	A.	B.	C.
6.	A.	B.	C.
7.	A.	B.	C.
8.	A.	B.	C.
9.	A.	B.	C.
10.	A.	B.	C.
11.	A.	B.	C.
12.	A.	B.	C.

第二部分

13．关于公司的销售情况，下面哪幅图是正确的?

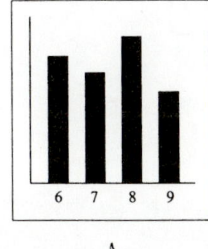 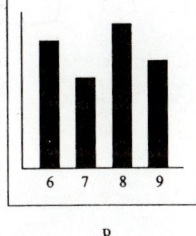 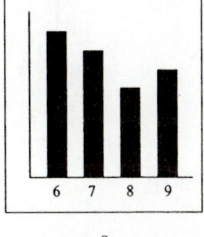 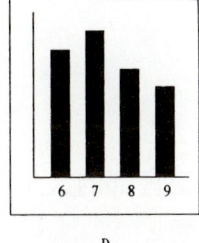

A　　　　　　B　　　　　　C　　　　　　D

14．下面哪条曲线反映了产品的市场销售的实际情况?

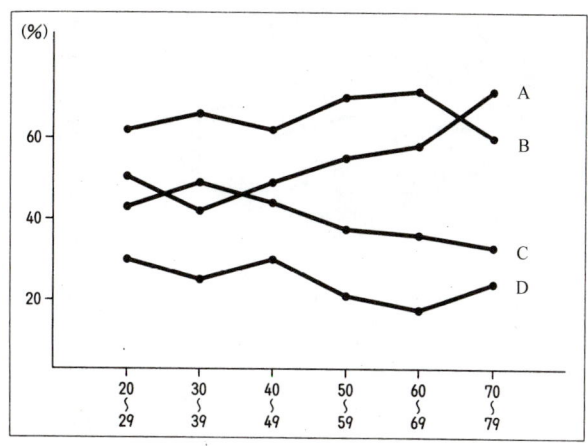

15. 哪种包卖得比较好？

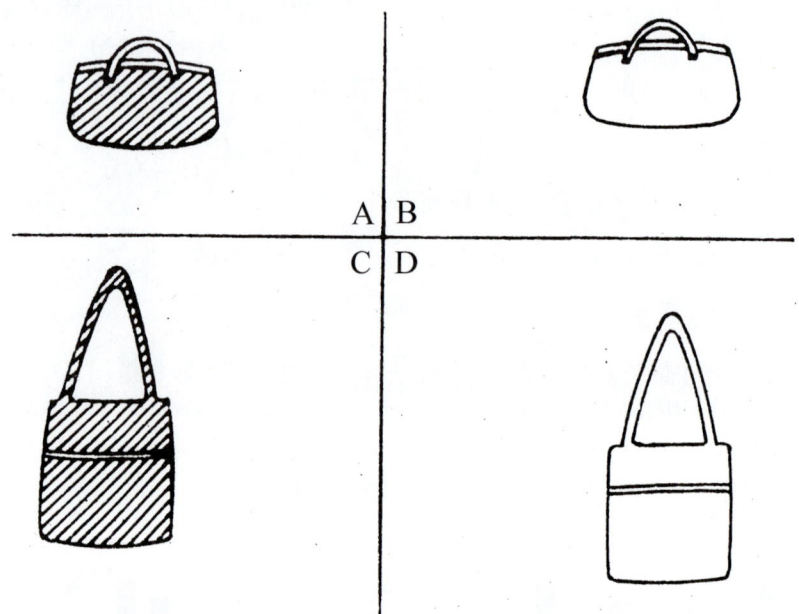

16. 销售部的人坐在哪里？

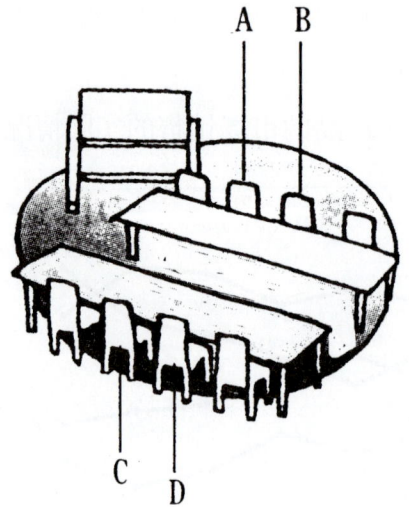

17．哪张是他们要做的广告张贴画？

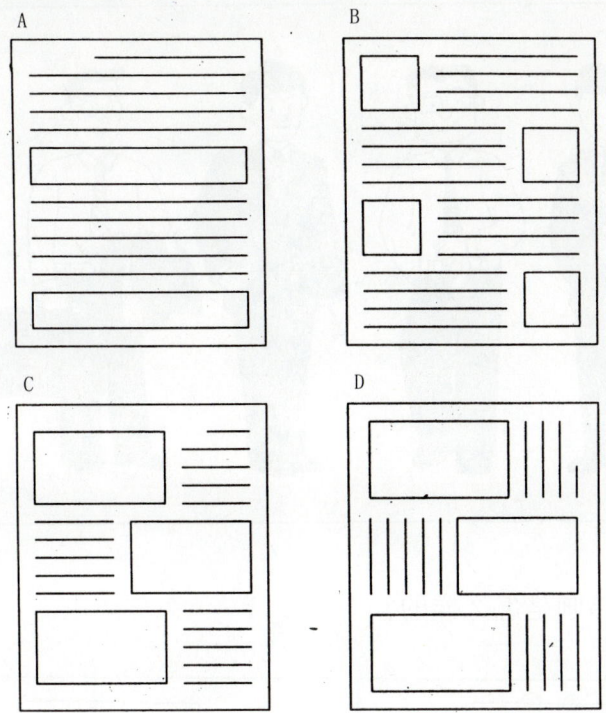

18．他们最可能怎么休假？

19．哪个是新来的工程师？

20．改过后的宣传画是怎么样的？

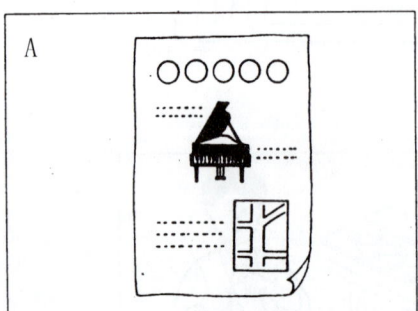 

 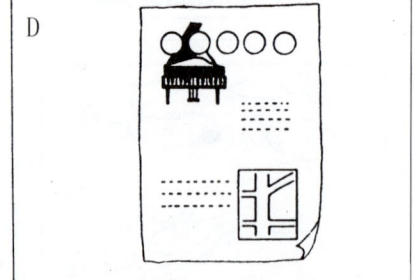

21. 下面哪个是正确的?

    A. 女的今天不开会了   B. 女的要去医院看口腔病

    C. 男的觉得没关系   D. 女的丈夫病了

22. 女的对银行调息的态度是:

    A. 赞同   B. 反对

    C. 无奈   D. 无所谓

23. 女的离开原来公司是因为:

    A. 薪水太少了   B. 和老板关系不好

    C. 和同事关系不好   D. 以上都是原因

24. 他们觉得这位新同事怎么样?

    A. 很赞赏他   B. 不喜欢他

    C. 是大家的榜样   D. 他每天准时下班

25. 对话人之间是什么关系?

    A. 两个公司的代表   B. 公司两个部门的同事

    C. 经理和职员   D. 长辈和晚辈

26. 他们的谈判将按下面顺序进行:

    A. 专利问题——反盗版合作——共同利益

    B. 反盗版合作——专利问题——共同利益

    C. 共同利益——反盗版合作——专利问题

    D. 反盗版合作——共同利益——专利问题

27．男的最早在哪儿工作？

    A．不工作   B．银行

    C．医药公司   D．外贸公司

28．他们最后成交的价格是多少？

    A．100万   B．80万

    C．90万   D．95万

29．女的马上应送去的是：

    A．A4纸   B．A3和B3纸

    C．A4和B3纸   D．A3纸

30．那份材料怎么给张先生？

    A．自己送过去   B．快递公司送

    C．发E-Mail   D．发传真

31．关于这次的培训，下面哪个消息是错的？

    A．想去的人都能去 B．还在上次的培训中心

    C．资料费由公司报销 D．是公司的培训课程

32．男的订了哪种房间？

    A．经济单人间   B．豪华单人间

    C．标准间   D．豪华双人间

第三部分

33—35题

33．女的认为此饮料：

A．口感一般　　　　　　　　B．香味浓郁
C．价格有点贵　　　　　　　D．是名牌产品

34．男的介绍这种饮料的优点时，下列哪一项没有讲到？

A．控制血压　　　　　　　　B．营养保健
C．明目止咳　　　　　　　　D．降低血脂

35．成交量可能是多少？

A．50—90箱　　　　　　　　B．150箱
C．200—250箱　　　　　　　D．500—1000箱

36—39题

36．这段采访的主题是：

A．产品和品牌的关系　　　　B．可口可乐是世界著名品牌
C．海尔是中国著名品牌　　　D．品牌的涵义和品牌建设

37．陈先生认为品牌是：

A．优质的材料　　　　　　　B．新颖的款式
C．无形的观念　　　　　　　D．先进的技术

38．品牌建设最重要的是：

A．先进的技术　　　　　　　B．科学的管理
C．有效的宣传　　　　　　　D．产品的质量和先进的服务

39. 陈先生最有可能的身份是:

    A. 可口可乐公司销售部经理   B. 著名的营销专家
    C. 海尔公司营销部主管   D. 有经验的消费者

40—42题

40. 男的工作岗位可能是:

    A. 经理   B. 客户服务部
    C. 修理工   D. 售货员

41. 女的要求:

    A. 退货   B. 见经理
    C. 投诉   D. 换一台空调

42. 这台空调:

    A. 刚买不久   B. 刚发现有毛病
    C. 电钮坏了   D. 换过零件

第四部分

43—44题

```
                  来 电 纪 要

给王总经理

日　　期：2006年11月24日

时　　间：10：20

来电人：（43）_____

来电号码：8315—1800

来电内容：与韩国天宇公司将要签订的合同有些条款有歧义，要
修改。要约时间与王总（44）_____。
```

45—48题

```
                        会 议 记 录

会议主题：各部门汇报工作

财务部：财务制度的改革方案初稿在（45）_____完成。

销售部：（46）_____的市场份额调查报告下周一交总经
        理。

生产部：新自动装配线明天安装完毕，立即开始（47）_____，
        本月末完成。

人事部：正在开展校园（48）_____活动，已经有200多硕
士生和本科生报名。
```

49—50题

CMAT销售量情况：

2001年的销售量是（49）_____件；

2002年增加了200,000件；

2003年销售达到580,000件；

2004年销售量有所回落，下降了（50）_____件。

听力考试结束。

不要提前翻看下一页，等主考下了指令以后再看下一页阅读。

二、阅　读

（50题，约60分钟）

第一部分

说明：51—72题，每段文字后面有一到几个问题，请选择最恰当的答案。答案请涂在答卷上。

51题

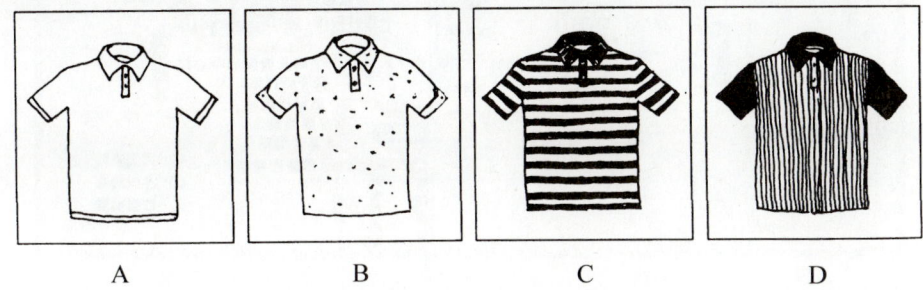

A　　　　　B　　　　　C　　　　　D

51. 四件T恤中能明显不一样的因素是什么？

　　A. 品牌　　　　　　　B. 价格
　　C. 花色　　　　　　　D. 材质

52题

> 如果您用得称心了，请告诉友人；
>
> 如果您用得不满意，请告诉我们。

52. 广告中的"我们"指的是谁？

　　A. 朋友　　　　　　　B. 家人
　　C. 买方　　　　　　　D. 卖方

53题

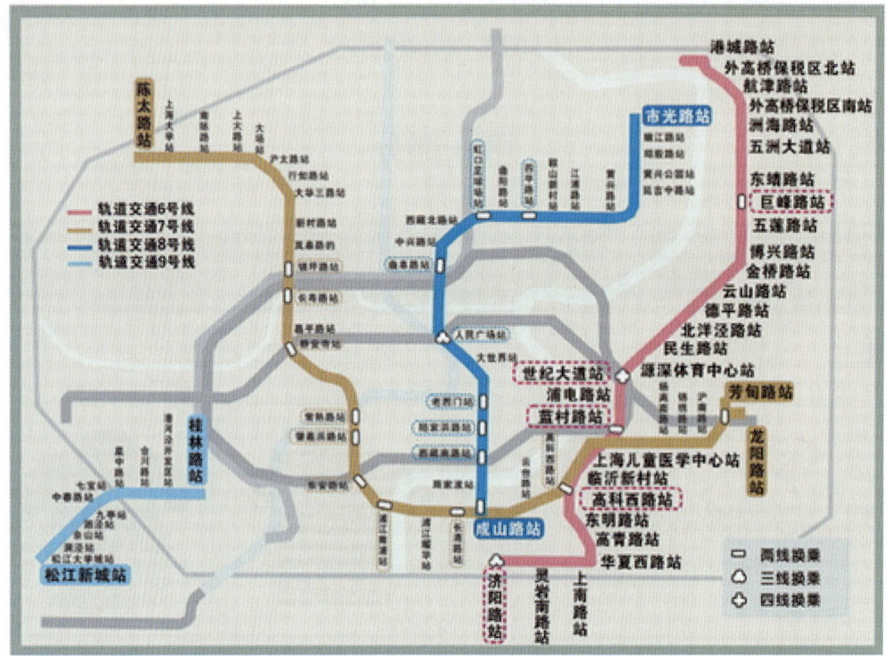

53． 上海轨道交通6、7、8、9四条线路的长度情况是：

A． 6号线、7号线大致相同　　　　B． 6号线、8号线大致相同

C． 8号线、9号线大致相同　　　　D． 四条线路大致相同

54题

> ### 新书介绍
>
> 　　本书是复旦大学、南京大学、浙江大学、上海交通大学等院校的相关专业多年教学实践经验的结晶，邀请了该领域著名的博士生导师及商界专家领衔撰写。经200余所大专院校近年来本科有关专业及MBA学位班的使用，不断修订再版，已经成为众多院校的首选教材之一。

54． 这部教材的名字最可能是：

A.《大学语文》　　　　　　　　B.《新概念英语》

C.《计算机应用》　　　　　　　D.《管理学原理》

55题

紧急通知

　　原定于10月15日（周三）上午10:00在二楼大会议室召开的各部门经理会议，因故改期。召开时间将另行通知。

总经理办公室

2006年10月13日

55．通知中宣部要改变的是什么？

A．会议地点　　　　　　　　B．会议时间

C．会议内容　　　　　　　　D．出席对象

56题

招聘启事

　　本公司因业务需要，公开招聘若干名中层管理人员。

条件如下：

1　具有企业管理及相关专业硕士以上学位

2　有从事ISO9000质量认证等的工作经历

3　熟悉IT行业市场和计算机相关知识

4　年龄　30岁至50岁

5　有上海市常住户口者优先

联络电话：6519-3567　　　　李先生　姚小姐

56．应聘者们必须具备什么条件？

A．高学历　　　　　　　　　B．懂外语

C．有上海户籍　　　　　　　D．男性

57-58题

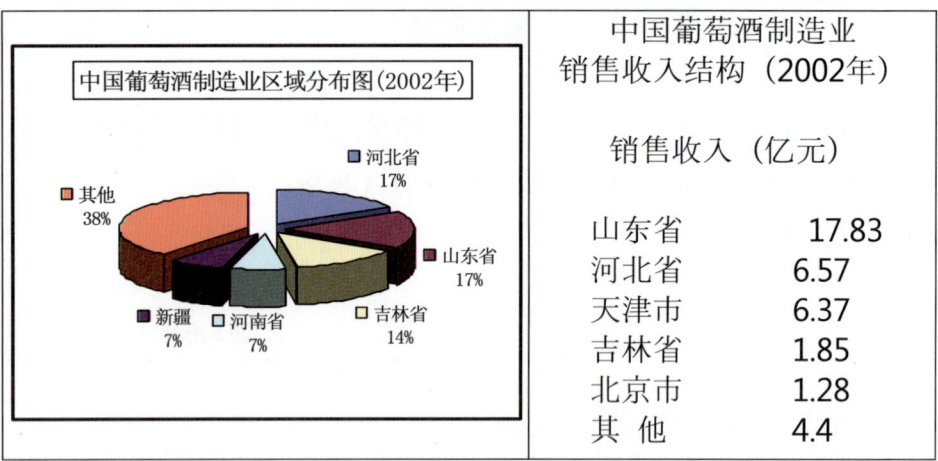

中国葡萄酒制造业区域分布图(2002年)

中国葡萄酒制造业 销售收入结构（2002年） 销售收入（亿元）	
山东省	17.83
河北省	6.57
天津市	6.37
吉林省	1.85
北京市	1.28
其 他	4.4

57. 中国葡萄酒制造业区域分布图（2002年）中，各省所占比例：

A. 河北省与吉林省相同　　　　　B. 山东省是新疆的二倍

C. 山东省、吉林省、河南省　　　D. 河南省多于新疆
　　依次递减

58. 中国葡萄酒制造业销售收入结构（2002年）中：

A. 河北省收入最多　　　　　　　B. 天津市比北京市多5.09万元

C. 河北省和天津市基本相当　　　D. 山东省比河北省多一倍

59－60题

下面是环宇公司总经理林先生一周的工作日程：

	上午	下午
星期一	参加广州国际商贸交易会	与参加商贸交易会的青岛客户见面；晚宴
星期二	考察广州分公司的业务情况	
星期三	10：30　CA309航班从广州回沪	与技术总监讨论新产品开发
星期四	会见北京时代传媒公司的李先生	
星期五		公司例会

59. 环宇公司总经理林先生公司的地点是：

    A. 北京　　　　　　　　　　B. 广州

    C. 青岛　　　　　　　　　　D. 上海

60. 上海浦发银行的郑先生想在下午与林先生会面，
    请问什么时候最合适：

    A. 星期二下午　　　　　　　B. 星期五上午

    C. 星期四下午　　　　　　　D. 星期五下午

61－62题

中国建设银行

储蓄开户凭条

科目：（贷）　　　　　　2004年 5月 19日

客户必填：

户名　余世伦　性别　男　证件类型　身份证　证件号码
310105198312052271

常用地址上海市徐汇区吴兴路245弄7号

联系电话 68743321

邮编 200035 币种 人民币 存期□□月　　现钞■　　　现汇□

留密■　留印□　存入金额（小写）　50000元

储种选择：活期□ 整存整取□ 零存整取■ 储蓄卡□ 一本通□
　　　　　　教育储蓄□ 国债□ 通知存款□ 存本取息□ 其他

银行记录：

交易时间：2004.5.19

会计主管：　　　授权：　　　复核：　　　录入：

61. 这张储蓄凭条是用来：

　　A. 留密码　　　　　　　　B. 取款
　　C. 开帐户　　　　　　　　D. 汇款

62. 客户选择的交易项目是：

　　A. 零存整取　　　　　　　B. 国债
　　C. 一本通　　　　　　　　D. 存本取息

63－64题

2003宁波市经济合作洽谈会邀请函

尊敬的×××先生/女士：

　　我市人民政府将于4月8日－15日在浙江省宁波市举办2003宁波市经济合作洽谈会。本次洽谈会以商讨经济合作为主题，将推出一批地产开发、基础设施建设、制造业合作建厂、高新技术应用、旅游资源开发等项目供投资者选择。恭请有意投资合作者届时光临，洽谈合作。项目简介索引可通过传真索取或浏览我网站查询。

　　　　联系人：孙飞平　　　胡晓力　　　王吉

　　　　电话：86－574－8097588/8097589

　　　　传真：86－574－8096432

　　　　电子信箱：nbjjhz2003@pub.cz.jjhzinfo.net

　　　　网址：宁波信息网（www.nb.jjhz.cn）

　　　　地址：浙江省宁波市人民南路263号市政大楼915室

　　　　　　　2003经济合作洽谈会组委办公室

　　　　邮编：315005

　　　　　　　　　　　　　2006宁波经济合作洽谈会组委办公室

　　　　　　　　　　　　　　　　　　2006年3月16日

63．本次洽谈会的主要目的是：

　　A．合作建厂　　　　　　　　B．经济合作

　　C．基础设施建设　　　　　　D．地产开发

64．想获得项目简介索引需要：

　　A．发传真　86－574－8097589

　　B．电话咨询　86－574－8096432

　　C．登录宁波信息网查询

　　D．发E-mail向组委办公室索要

65－68题

加入WTO以后，更多的外资快递公司看准中国快递市场这块蛋糕，他们以全新的经营理念、国际一流的技术和追求个性的服务，争夺快递业的市场份额。这无疑给中国邮政业带来了巨大的冲击。

国际四大快递公司之一的联邦快递（FedEx）就在上海浦东国际机场建设中国最大的快件处理中心，并在上海推出直达世界各地的速递新航班，从而成为拥有直飞中国各城市速递专线航班最多的国际快递公司。而美国联合包裹公司（UPS）表示，获得中国直航权后，UPS不必再取道香港向中国提供服务，从中国各主要商业区到美国的快递只需两天，而美国到北京或上海的快递文件也将会缩短到一天。

国际巨头的进入并非只是在蚕食市场份额，他们还大大改进了这一行业的服务质量、技术和观念。

10年间，国际快递的业务增长速度都达到20％以上，而发展最快的敦豪（DHL）业务增长速度达到每年平均40％，营业额跃升60倍之多。

到目前为止，我国境内从事国际快递业务的公司已达130多家，业务额约50亿元人民币。其中，最引人关注的是：全球五大快递公司（UPS，FedEx，DHL，TNT，OCS）的合资企业与中国邮政的EMS同台竞争。

65．在中国拥有快递专线航班最多的国际快递公司是：

A．联合包裹公司　　　　　　B．敦豪
C．联邦快递　　　　　　　　D．EMS

66．从上文中我们可以知道：
A．UPS向中国提供服务需取道香港
B．国际快递业务的增长速度不到20％
C．国际快递的市场份额不断增加
D．FedEx的营业额增长了60倍

67．本文最恰当的题目是：

A．国际快递进入中国　　　　B．国际快递冲击中国邮政
C．联邦快递竞争中国邮政　　D．国际快递业务增长迅速
　　EMS

68．本文中未提及的是什么？

A．美国联邦快递公司　　　　B．中国邮政的EMS
C．美国联合包裹公司　　　　D．中国的民营快递公司

69－72题

北京市朝阳区金台路65号

传真
发至：韩国统派公司　　　　发自：中国雅代服饰有限公司
传真：0086－10－63792458　　日期：2006－4－23
电话：0086－10－63792451/2/3/4　页：1页
关于：邀请参观访问　　　　　抄送：金永石经理
□请答复

韩国统派公司：
　　敬请贵公司派代表于2006年5月来中国北京访问。我们建议代表团成员包括贵公司工厂管理人员、服装设计人员以及质检人员。同时欢迎贵公司总部代表人员前来访问。
　　我们将有专人在首都机场迎接代表团，安排食宿和行程，陪同参观。
　　现提出下面意见供贵方参考：
1．访问我公司在北京、大连的营业部，参观我公司的服装加工车间。
2．会见我下属中国百安公司销售经理，商讨进出口服装贸易。
3．参观5月12日－19日的中国华北地区服饰展览会。在这次展览会上，我们已定下了A－21展厅，专门展出贵公司2006年推出的新款男女高档服饰，展厅面积为10米×5米。如贵公司还有其他新产品，也可一并带来，同时展出。
　　展览会期间，我们作为东道主，将为贵公司代表团举办招待会，以便代表团能与中方更多的企业和政府人员见面，交流信息。
　　我们衷心希望这次访问，能使我们双方在各个领域的合作进一步发展。
　　望速将贵公司的决定告诉我们。

中国雅代服饰有限公司
2006年4月20日

69. 这份传真的主要谈的是什么？？

    A. 韩国统派公司前来参展　　　B. 邀请前来访问

    C. 前来访问白安公司　　　　　D. 前来会见中国政府人员

70. 来华参观访问的人员将不包括：

    A. 公司财务部经理　　　　　　B. 服装设计师

    C. 总部代表人员　　　　　　　D. 质量检查人员

71. 我公司将专门安排韩国统派公司与中国企业及政府人士的交
　　流，具体是指：

    A. 展出统派公司的新款服饰

    B. 安排统派公司与百安公司洽谈

    C. 为统派公司代表团举办招待会

    D. 接待代表团访问我公司营业部

72. 中方接下来应该做什么？

    A. 确定展览会日程　　　　　　B. 安排韩方的食宿

    C. 跟韩方签订合同　　　　　　D. 等待韩方的回复

第二部分

73 – 78题

目前，我国的房地产业呈现出飞速发展的势头，但是不少开发商只顾建房、只顾增加容积率却忽视与之（73）的现代化的停车库的建设。现在的房地产开发在建筑中大多采取较原始的自走式的停车库设计。（74）占用土地较多，容纳车辆有限，很难（75）日益增长的停车需求。（76）统计，我国城市目前轿车保有量已（77）1000万辆，到2010年我国轿车保有量将达到2000万辆，这些车都需要有个停靠的场所，而相对的却是停车位的严重（78）。

73. A 配合 B 成套 C 配套 D 分配

74. A 由于 B 至于 C 但是 D 虽然

75. A 足够 B 饱和 C 满意 D 满足

76. A 据 B 从 C 靠 D 照

77. A 出现 B 突破 C 进展 D 涨到

78. A 缺憾 B 减少 C 少量 D 短缺

79－84题

最新一轮消费者信心调查
（79），中国消费者对经济的信
心继续（80）世界，由于对未来
经济状况（81）高度乐观，中国
内地消费者更愿意将剩余资金用于
提高生活品质。在最受消费者青睐
的剩余资金花费项目中，新科技产
品和家庭以外的娱乐位居前列，
（82）出年青一代"享受今天"
的消费理念。在中国内地，在元旦
和新年消费旺季即将到来之际，这
对科技和娱乐产业来讲（83）是
个（84）消息。

79. A 展示 B 显示 C 出现 D 展开

80. A 落后 B 后退 C 领先 D 领头

81. A 保持 B 持续 C 持有 D 连续

82. A 照射 B 反射 C 反观 D 折射

83. A 固然 B 无疑 C 仿佛 D 几乎

84. A 好处 B 利好 C 乐观 D 高兴

第三部分

说明：85—94题，每组有ABCD四段短小的文字材料，请判断哪个问题或句子分别与哪段材料有关系。

答案请涂在答卷上。

85－89题

请确定85－89题分别跟哪段文字有关系。

85. 全球拥有连锁店最多的是哪家公司？

86. 哪个公司在中国实行全国战略？

87. 哪家公司实行独特的现付自运制？

88. 在上海开设第一家大型仓储会员制商场的是哪个公司？

89. 哪家公司在中国开设了第一家"大卖场"？

A	B
美国沃尔玛公司是世界第一大零售连锁集团，现拥有4200多家营业零售单位，业务范围遍及10个国家。 1996年，沃尔玛在深圳开设了亚洲第一家购物广场和会员商店，迄今为止，已在中国开设了22家分店。目前它在中国的采购以每年20％的速度递增，中国已经成为沃尔玛全球最大的供应商之一。 2001年，沃尔玛全球采购总部从香港搬至广东。沃尔玛虽已在华北、东北、西南布点，却一直未涉足华东地区。	法国零售巨头"家乐福"是全球第二大零售商，在31个国家拥有9200多家连锁店。在《财富》500强中名列第35位。 1995年，家乐福在中国开设了第一家被称为大卖场的超级购物广场。此后的6年多时间里，在中国17个城市开设了30多个分店，是中国外资零售业中的老大。据称，家乐福在中国的消费群体以中低收入的城市居民为主。 家乐福在中国下一步的发展，将集中在中国西部和华南地区。

C	D
德国麦德龙公司在世界商业集团中排名第三。它以独特的现付自运制方式，短时间内在欧洲19个国家迅速成长。 1995年麦德龙与上海锦江集团合作，成立了上海锦江麦德龙购物中心有限公司，并于1996年10月在上海开设了第一家仓储式会员制商场，取得了惊人的成功，给中国流通业带来了全新的概念。 麦德龙计划用3到5年时间在中国开设50家连锁商场。	1991年9月，联华超市的第一个连锁店——曲阳店开张。到2001年，联华销售规模连续五年位居全国超市行业第一，连续三年位列中国零售业榜首。 2001年随着它的全国战略的启动，联华已在东部走廊和中部地区的城市建立了20个大卖场。目前已有600多家联华便利店，按照战略规划，到2005年将再增长5倍。联华试图让其便利店网络覆盖所有一级城市。

90 – 94题，

90．政府对经济活动的管制阻碍了市场的建立。

91．有效的竞争政策能促进市场经济的正常运行。

92．公平竞争的目的是获得最大利润。

93．政府干预与私人垄断有本质不同。

94．竞争政策需要通过法律实施。

A

市场竞争有助于企业自主经营活动，提高经济效益，实现产业的合理化，促进技术进步，最终增加消费者的福利。但是竞争本身不是目的，而只能是一种影响经济活动的过程或方法。所以，随着经济的全球化，也为了适应自由竞争的需要，各国的竞争法应该进行协调。

B

市场经济的正常运行，需要有效的竞争政策的保证。中国建立社会主义市场经济体制，同样离不开有效的竞争政策。竞争政策的目标和任务是保护和促进竞争，它是在法律的基础上实现的。因此，建立和完善各项有关市场竞争的法律法规，特别是反垄断法律，就显得尤为重要。

C

垄断力量，即市场上一个或多个经营法人联合起来控制价格的能力，它导致社会资源无法有效利用。知识分子和社会精英们对社会财富的过度集中，表示担忧，他们主张扩大政府对经济的干预。所以，从公共福利的角度看，政府干预在本质上是良性的，而私人垄断是恶性的。

D

市场建设的第一个要素就是减少政府对经济活动的管制。为了有效地经营，市场主体必须享有公平竞争的自由，其目的是实现利润最大化，而不是为了满足政治目的的要求。他们必须能够自由决定生产什么，如何生产，按什么样的价格销售，怎样销售。如果政府限制这些决定，它就阻碍了市场的建立。

第四部分

95－100题

请阅读《广州大学城综合商业服务区商铺租赁合同（部分）》后回答下列问题：

95． 租赁期到什么时候结束？

96．乙方可于什么时候进场装修？

97．乙方续约需做什么？

98．租金何时支付？

99．乙方逾期缴纳租金，需付多少滞纳金？

100． 合同从什么时候开始产生法律效力？

广州大学城综合商业服务区商铺租赁合同（部分）

合同双方

出租方：广州大学城投资经营管理有限公司（以下简称甲方）

承租方： （以下简称乙方）

一、租赁场地

1. 租用方式：乙方租用商铺属于有偿租用。

2. 甲方同意将坐落于广州市小谷围岛的广州大学城综合商业服务区 (区)内的（ ）号铺出租给乙方作经营使用，建筑面积为（ ）平方米。乙方可以对商铺进行装修和改造。

二、租赁期限

1. 租赁期为从甲方向乙方交付租赁铺位之日起至2006年 12月 31日止。

2. 乙方必须在收到《交付通知书》后5天内办理商铺交接手续，其后30天为免租装修期，乙方保证在甲方通知乙方可以进场之日起35天内完成装修并开张营业。

3. 租赁期满，乙方如需续约，应提前一个月通知甲方。如果届时甲方继续出租，在同等条件下乙方可享有优先续租权。乙方如不续约，则乙方应在租赁期届满前将租赁铺位清空，按照约定及租赁铺位的性质，以正常使用后的正常状态返还给甲方。

三、租金缴纳及结算方式

1. 乙方向甲方交纳租金，每月为人民币（大写）（ ）整（元/月）。

2. 租金采用预付形式，第一个月的租金应于签署本租赁合同当天支付，自第二个月起，每月租金于当月5日前交纳。若乙方逾期交纳租金，须向甲方交滞纳金，滞纳金每日为月租金的千分之二；若乙方逾期交付租金超过五个工作日，则甲方有权解除租赁合同，收回租赁铺位，没收履约保证金。

本合同壹式四份，双方各执两份。自双方代表签字盖章后，乙方支付履约保证金后生效，。履约保证金的数额为一个月的租金。

甲方：（签字、盖章）　　　　　　　乙方：（签字、盖章）

　年　　月　　日　　　　　　　　　年　　月　　日

阅读考试结束。

商 务 汉 语 考 试 答 卷

姓 中文 [   ]
名 英文 [   ]
试卷号码 [   ]

A ━

序号	[0][1][2][3][4][5][6][7][8][9]
	[0][1][2][3][4][5][6][7][8][9]
	[0][1][2][3][4][5][6][7][8][9]
	[0][1][2][3][4][5][6][7][8][9]
	[0][1][2][3][4][5][6][7][8][9]

国籍/民族 [   ]

代号	[0][1][2][3][4][5][6][7][8][9]
	[0][1][2][3][4][5][6][7][8][9]
	[0][1][2][3][4][5][6][7][8][9]

性 别
男 ▭
女 ▭

考点代号

答题要求
1. 一定要用铅笔涂写。
2. 1-42、51-94要这样涂 "━"，不要这样涂 "▨"。
3. 汉字要写清楚。
4. 修改时要用橡皮擦擦干净。

1

1 [A][B][C]   10 [A][B][C]   16 [A][B][C][D]   25 [A][B][C][D]   34 [A][B][C][D]
2 [A][B][C]   11 [A][B][C]   17 [A][B][C][D]   26 [A][B][C][D]   35 [A][B][C][D]
3 [A][B][C]   12 [A][B][C]   18 [A][B][C][D]   27 [A][B][C][D]   36 [A][B][C][D]
4 [A][B][C]   19 [A][B][C][D]   28 [A][B][C][D]   37 [A][B][C][D]
5 [A][B][C]   20 [A][B][C][D]   29 [A][B][C][D]   38 [A][B][C][D]
6 [A][B][C]   21 [A][B][C][D]   30 [A][B][C][D]   39 [A][B][C][D]
7 [A][B][C]   13 [A][B][C][D]   22 [A][B][C][D]   31 [A][B][C][D]   40 [A][B][C][D]
8 [A][B][C]   14 [A][B][C][D]   23 [A][B][C][D]   32 [A][B][C][D]   41 [A][B][C][D]
9 [A][B][C]   15 [A][B][C][D]   24 [A][B][C][D]   33 [A][B][C][D]   42 [A][B][C][D]

43   46   49
[A]   [A]   [A]
[B] _____   [B] _____   [B] _____

44   47   50
[A]   [A]   [A]
[B] _____   [B] _____   [B] _____

45   48
[A]   [A]
[B] _____   [B] _____

2

51 [A][B][C][D]   60 [A][B][C][D]   69 [A][B][C][D]   78 [A][B][C][D]   87 [A][B][C][D]
52 [A][B][C][D]   61 [A][B][C][D]   70 [A][B][C][D]   79 [A][B][C][D]   88 [A][B][C][D]
53 [A][B][C][D]   62 [A][B][C][D]   71 [A][B][C][D]   80 [A][B][C][D]   89 [A][B][C][D]
54 [A][B][C][D]   63 [A][B][C][D]   72 [A][B][C][D]   81 [A][B][C][D]   90 [A][B][C][D]
55 [A][B][C][D]   64 [A][B][C][D]   73 [A][B][C][D]   82 [A][B][C][D]   91 [A][B][C][D]
56 [A][B][C][D]   65 [A][B][C][D]   74 [A][B][C][D]   83 [A][B][C][D]   92 [A][B][C][D]
57 [A][B][C][D]   66 [A][B][C][D]   75 [A][B][C][D]   84 [A][B][C][D]   93 [A][B][C][D]
58 [A][B][C][D]   67 [A][B][C][D]   76 [A][B][C][D]   85 [A][B][C][D]   94 [A][B][C][D]
59 [A][B][C][D]   68 [A][B][C][D]   77 [A][B][C][D]   86 [A][B][C][D]

95   97   99
[A]   [A]   [A]
[B] _____   [B] _____   [B] _____

96   98   100
[A]   [A]   [A]
[B] _____   [B] _____   [B] _____

商 务 汉 语 考 试 答 卷

姓名	中文	
	英文	
试卷号码		

A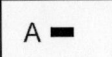

序号
[0][1][2][3][4][5][6][7][8][9]
[0][1][2][3][4][5][6][7][8][9]
[0][1][2][3][4][5][6][7][8][9]
[0][1][2][3][4][5][6][7][8][9]
[0][1][2][3][4][5][6][7][8][9]

国籍/民族

代号
[0][1][2][3][4][5][6][7][8][9]
[0][1][2][3][4][5][6][7][8][9]
[0][1][2][3][4][5][6][7][8][9]

性别
男 ☐
女 ☐

考点代号

答题要求
1. 一定要用铅笔涂写。
2. 1-42、51-94要这样涂 "▬"，不要这样涂 "◺"。
3. 汉字要写清楚。
4. 修改时要用橡皮擦干净。

1

1

1

1

1

1

1 [A][B][C]
2 [A][B][C]
3 [A][B][C]
4 [A][B][C]
5 [A][B][C]
6 [A][B][C]
7 [A][B][C]
8 [A][B][C]
9 [A][B][C]

10 [A][B][C]
11 [A][B][C]
12 [A][B][C]

13 [A][B][C][D]
14 [A][B][C][D]
15 [A][B][C][D]

16 [A][B][C][D]
17 [A][B][C][D]
18 [A][B][C][D]
19 [A][B][C][D]
20 [A][B][C][D]
21 [A][B][C][D]
22 [A][B][C][D]
23 [A][B][C][D]
24 [A][B][C][D]

25 [A][B][C][D]
26 [A][B][C][D]
27 [A][B][C][D]
28 [A][B][C][D]
29 [A][B][C][D]
30 [A][B][C][D]
31 [A][B][C][D]
32 [A][B][C][D]
33 [A][B][C][D]

34 [A][B][C][D]
35 [A][B][C][D]
36 [A][B][C][D]
37 [A][B][C][D]
38 [A][B][C][D]
39 [A][B][C][D]
40 [A][B][C][D]
41 [A][B][C][D]
42 [A][B][C][D]

43
[A]
[B] ___

44
[A]
[B] ___

45
[A]
[B] ___

46
[A]
[B] ___

47
[A]
[B] ___

48
[A]
[B] ___

49
[A]
[B] ___

50
[A]
[B] ___

2

2

2

2

2

2

51 [A][B][C][D]
52 [A][B][C][D]
53 [A][B][C][D]
54 [A][B][C][D]
55 [A][B][C][D]
56 [A][B][C][D]
57 [A][B][C][D]
58 [A][B][C][D]
59 [A][B][C][D]

60 [A][B][C][D]
61 [A][B][C][D]
62 [A][B][C][D]
63 [A][B][C][D]
64 [A][B][C][D]
65 [A][B][C][D]
66 [A][B][C][D]
67 [A][B][C][D]
68 [A][B][C][D]

69 [A][B][C][D]
70 [A][B][C][D]
71 [A][B][C][D]
72 [A][B][C][D]
73 [A][B][C][D]
74 [A][B][C][D]
75 [A][B][C][D]
76 [A][B][C][D]
77 [A][B][C][D]

78 [A][B][C][D]
79 [A][B][C][D]
80 [A][B][C][D]
81 [A][B][C][D]
82 [A][B][C][D]
83 [A][B][C][D]
84 [A][B][C][D]
85 [A][B][C][D]
86 [A][B][C][D]

87 [A][B][C][D]
88 [A][B][C][D]
89 [A][B][C][D]
90 [A][B][C][D]
91 [A][B][C][D]
92 [A][B][C][D]
93 [A][B][C][D]
94 [A][B][C][D]

95
[A]
[B] ___

96
[A]
[B] ___

97
[A]
[B] ___

98
[A]
[B] ___

99
[A]
[B] ___

100
[A]
[B] ___

商务汉语考试仿真题一
（口语）

试　卷

第一题：

你所在城市的出租车起步价将进行微调。请打电话将以下信息告诉你的朋友。

1　10元钱的起步行驶里程由3公里调整到2.5公里；

2　"夜间服务费"和"空驶里程补贴费"暂不调整；

3　"预约叫车费"仍不收取。

时间：准备1分30秒；说1分钟

第二题：

你购买了一台新的液晶电视机，感到很满意，想推荐给大家。推荐时可与其他　品牌进行比较，注意以下几个要点：

1　款式

2　性能

3　价格

4　特色

时间：准备2分30秒；说2分钟

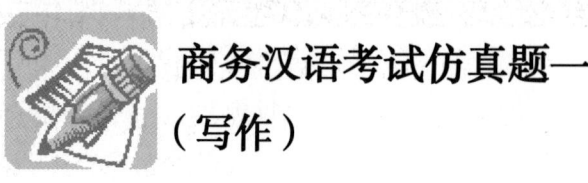

商务汉语考试仿真题一
（写作）

试　卷

第一题：

中国境内的外资保险公司情况统计简表

时间	2004年1月1日–12月8日				
数量	40家	寿险公司	23家	营业机构 （含筹建）	75个
		财险公司	14家		
		再保险公司	3家		
保费增加比例 （2004. 1. 1 – 6. 30)	产险	47. 1% （对比：中资公司同期增长23%）			
	寿险	51. 2% （对比：中资公司同期增长6. 5%）			

请写一篇短文，将统计表中的内容用语言表述出来。
要求：80~120字。

第二题：

联想集团简况

成立时间：1984年
上市时间：1994年
员工人数：1,000余人
企业理念：让用户用得更好

近年业绩	产品研发	2003年8月	"联想深腾1800"计算机
		2003年	"深腾6800"超级计算机
	战略步骤	2002年12月	首届联想技术创新大会
		2003年4月	启用"Lenovo"代替"Legend"
		2003年7月	联想科技巡展
		2004年	成为国际奥委会合作伙伴
		2004年12月	收购IBM全球PC业务

请以《腾飞的"联想"》为题目，写一篇短文。
要求：250字以上。商务汉语考试仿真题一（写作）答卷

答　卷

姓名
国籍　　————————————
序号　　————————————
　　　　————————————

考试要求

一、考试内容：两篇短文
二、考试时间：40分钟
三、书写要求：用汉字书写（可以用繁体字）。每个汉
　　　字及标点符号占一个格。

第1页

第 一 题

80字

120字

第 二 题

100字

15×20=300

第2页

200字

260字

15×20=300

商务汉语考试仿真题二
（听·读）

试 卷

一、听 力

（50题，约40分钟）

第一部分

说明：1—12题，在这部分试题中，每一题你将听到一个人问一句话，另一个人说出ABC三种应答。请你选出最恰当的应答。问话和应答都没有印在试卷上，只播放一遍。

例如：第5题：你听到一个人问：……

你听到另一个人应答：……

最恰当的应答是A. 王经理。

你应该在答卷上涂[■] [B] [C]。

1.	A	B	C
2.	A	B	C
3.	A	B	C
4.	A	B	C
5.	A	B	C
6.	A	B	C
7.	A	B	C
8.	A	B	C
9.	A	B	C
10.	A	B	C
11.	A	B	C
12.	A	B	C

第二部分

13．吴经理公司的业绩属于下面哪一种情况？

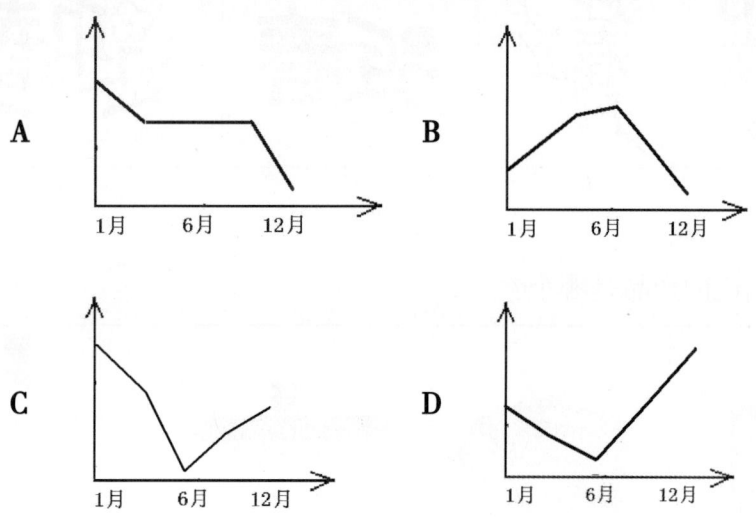

14．兴华公司的产品现在是哪种形状的？

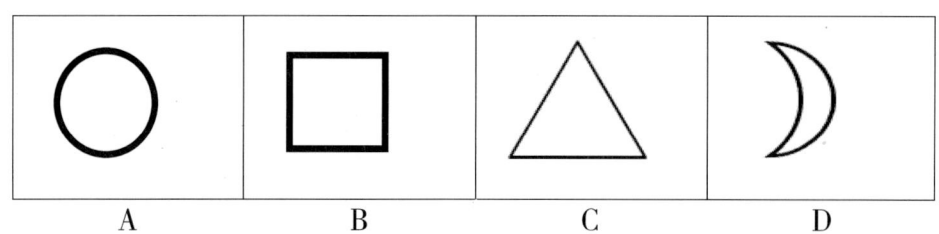

15. 下面哪位是赵经理?

A   B   C   D

16. 下面哪个是最后的设计?

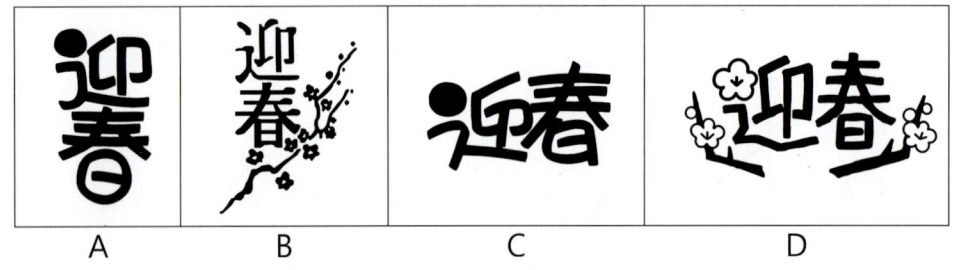

A   B   C   D

17. 他们说的产品是哪个?

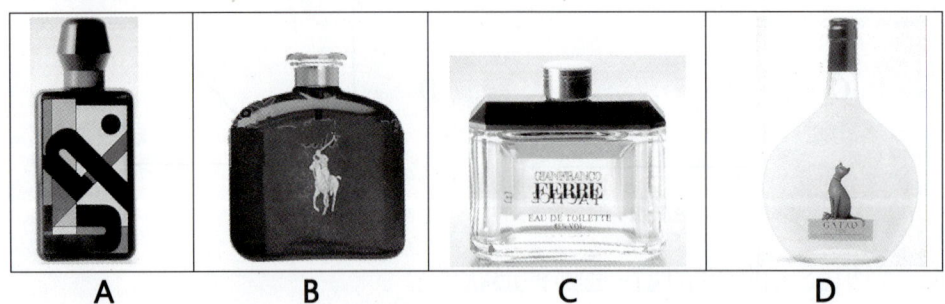

A   B   C   D

18. 下面哪幅图是银河大楼的正确位置?

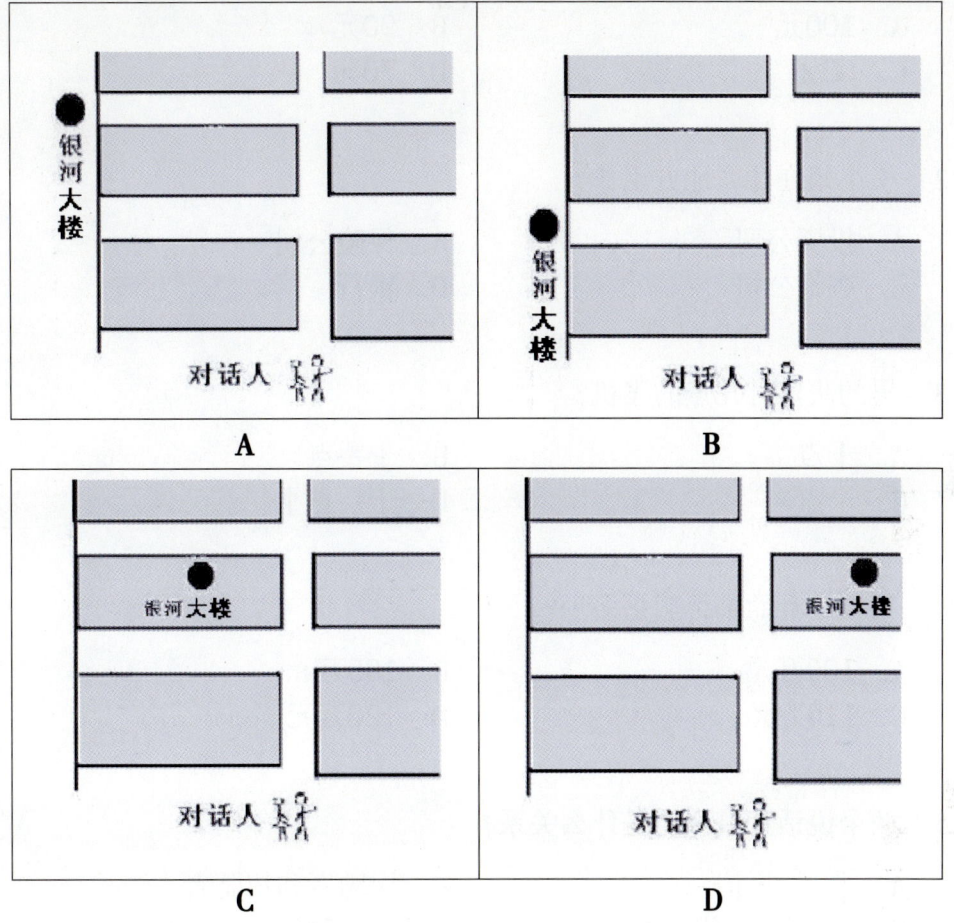

A   B

C   D

19. 他们明天什么时候见面?

    A. 一点半   B. 两点
    C. 两点半   D. 三点

20. 关于休息时间的调整,哪个是正确的?

    A. 这个周末正常休息   B. 这个周末可以多休息几天
    C. 过年正常休息   D. 过年可以多休息几天

21. 男的想花多少钱买这条裤子？

  A．100元   B．90元
  C．80元   D．70元

22. 王小姐在什么地方工作？

  A．投资公司   B．保险公司
  C．咨询公司   D．银行

23. 男的决定订几点的飞机？

  A．十点   B．十一点
  C．十点半   D．十一点半

24. 第二个月的销售额是多少？

  A．100万元   B．105万元
  C．110万元   D．120万元

25. 两个说话人最可能是什么关系？

  A．老师和同学   B．应聘者和招聘者
  C．记者和采访对象 D．父母和孩子

26. 男的认为组装的电脑怎么样？

  A．价钱便宜，质量不如原装的 B．价格贵，质量也不如原装的
  C．价格贵，但质量比原装的好 D．价钱便宜，质量也比原装的好

27. 从对话中我们可以知道什么？

  A．小李干得不错   B．经理对小李很满意
  C．现在房地产销售比较容易 D．小李在竞争中被淘汰了

28. 男的可能要哪一种房间?

    A. 200元的标准间   B. 200元的三人间
    C. 150元的标准间   D. 150元的三人间

29. 男的会在什么时间向经理汇报工作?

    A. 今天上午九点半   B. 今天上午十一点
    C. 明天上午九点半   D. 明天上午十一点

30. 两个人最可能是什么关系?

    A. 生意伙伴   B. 上级和下级
    C. 夫妻   D. 竞争对手

31. 男的对投资股票是什么态度?

    A. 赞成   B. 担心
    C. 伤心   D. 后悔

32. 他们对买车是什么看法?

    A. 不买,没有钱买车   B. 不买,汽车价格太贵
    C. 不买,养车的费用太高   D. 可以考虑买车了

第三部分

33—35题

33. "久明"餐厅现在的情况是：

    A. 生意不太好   B. 位置不好

    C. 亏了很多钱   D. 有多种特色服务

34. 关于"久明"餐厅的老板，对话中说到的是：

    A. 在商业中心经营餐厅   B. 第一次开饭店

    C. 不知道怎么吸引顾客   D. 赚了三十多万

35. 下面几项，哪个是"久明"餐厅的特色服务？

    A. 聘请中国有名的厨师   B. 供应各种西式宴席

    C. 增加小吃的种类   D. 推出商务套餐

36-38题

36. 关于北京汽车展，正确的说法是：

    A. 还没开始   B. 正在进行

    C. 快要结束了   D. 已经结束了

37. 参加这次展览的汽车厂商有：

    A. 1000家   B. 1000多家

    C. 1600家   D. 超过1600家

38. 车展上，最热销的汽车是：

    A. 家用汽车　　　　　　B. 豪华车
    C. 商务车　　　　　　　D. 吉普车

39－42题

39. 今天谈论的话题是关于中国经济：

    A. 现状和展望　　　　　B. 对世界的影响
    C. 结构和体制　　　　　D. 法律和政策

40. 关于中国经济的发展，洪教授的看法是：

A. 竞争与合作将会更加复杂　　　B. 即将进入世界大市场
C. 中国的GDP年年增长9.3%　　　D. 中国经济每年平均增长9.3%

41. 中国经济的发展对世界的影响是：

A. 主要是提供了很多合作机会　　B. 主要是迎来了很多竞争
C. 对亚洲国家的经济更有促进意义　D. 对非亚洲国家更有促进意义

42. 关于自由贸易协定，说法正确的是：

    A. 2001年签订　　　　　B. 2001年生效
    C. 2010年签订　　　　　D. 2010年生效

第四部分

43—45题

关于洗发水的电话调查

调查者	广州日用化学品公司
调查目的	开发（43）_____
消费者喜欢的香型	（44）_____ 香型
消费者喜欢的包装	（45）_____形状

46－47题

女的说：报纸上的新闻透露，大华和斯科两家公司要

（46）_____ 成一家了。

总经理说：得考虑换个（47）_____ 跟他们商谈价格。

48－50题

人才供求整体情况：人才供求（48）_____矛盾依旧十分突出。

<table>
<tr>
<td>

用人单位最需要的职位是：

1．计算机工程师

2．（49）_____工程师

3．生产主管

</td>
<td>

求职者最想得到的职位是：

1．会计

2．（50）_____

3．机械工程师

</td>
</tr>
</table>

听力考试结束。

不要提前翻看下一页，等主考下了指令以后再看下一页阅读。

二、阅　读

（50题，约60分钟）

第一部分

51题

上网用户人数统计表

上网方式	单位	今年用户数	去年用户数
互联网拨号用	万户	5098.7	5653.1
互联网专线用	万户	8.2	6.9
宽带接入用户	万户	2172.4	1014.8

51．用哪种方式上网的人在减少？

A．拨号上网　　　　　　　　B．专线上网
C．宽带上网　　　　　　　　D．手机上网

52题

产品的生命周期

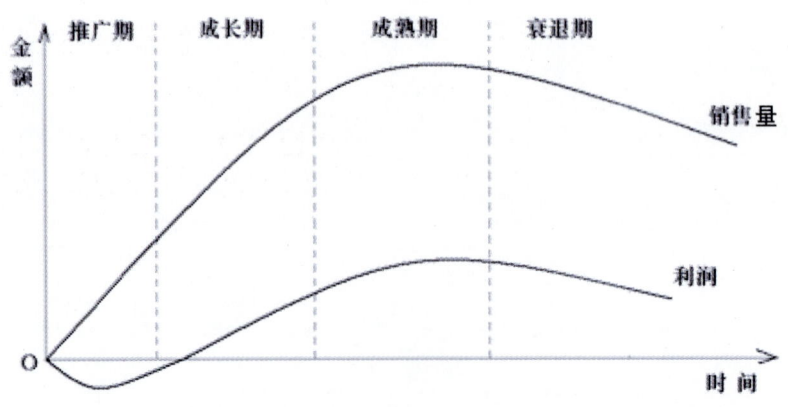

52．哪个阶段销售量增加，利润增长？

    A．推广期   B．成长期

    C．成熟期   D．衰退期

53题

~※~   优惠网BBS www.youhui.com   ~※~

优惠信息

  本站出售移动/联通手机充值卡，面值有300、100、50元的三种。

  一次购买面值5000元以上者，可享受批发价，九折优惠。

零星购买，也有优惠。购买面值500元者，九五折优惠；购买面值100元者，九八折优惠。

~※~   优惠网BBS www.youhui.com   ~※~

53．这个广告告诉我们：

    A．一次购买越多，享受的优惠越多

    B．买联通的卡才可以打折

    C．不管购买多少，都有优惠

    D．1000元钱可以买到980元面值的充值卡

54题

  刘清一，大学本科应届毕业生，专业：市场营销。有大学英语六级证书，国家计算机等级证书（二级）。曾在合资企业实习三个月，获主管领导好评。希望从事与专业有关的工作，或文秘工作。本人最大的特点是诚实、勤奋、好学，有良好的团队精神。诚恳希望用人单位给我应聘面试的机会！谢谢！

  求职者：刘清一

  电 话：13934601065

54. 关于求职者，说法正确的是：

    A. 不想找与专业无关的工作　　B. 在大学里学习市场管理

    C. 能够与他人很好地共事　　　D. 有一定的涉外工作经验

55题

> 11月23日上市公司公告：
>
> 　百利电气董事会决议：公司同意对全资子公司天津市百利电气有限公司向中国工商银行借款人民币壹仟万元整提供担保，借款期限12个月。此次担保生效后，公司及控股子公司有效的对外担保总额为人民币5280万元整。

55. 通过这个公告可以知道百利电气：

    A. 要借钱给天津的子公司　　　B. 帮助天津的子公司贷款

    C. 对外一共借款5280万元整　　D. 负责到期归还所借款项

56题

> ### 诚邀合作伙伴
>
> 　本店位于本市商业黄金地段，有意拓展经营业务，代理销售动漫游戏系列产品。诚邀合作投资伙伴。有意者请速来电来函联系，商洽合作事宜。
>
> 　　　　"小伙伴"儿童商店
>
> 　　　　联系人：尉女士
>
> 　　　　电　话：13563159092
>
> 　　　　地　址：明阳市解放路15号
>
> 　　　　邮　编：233045

56. 这家店打算：

A. 黄金地段旺铺招租　　　　B. 开发动漫新产品

C. 合作经营游戏室　　　　　D. 寻求共同投资人

57－58题

下周（12月3日—7日）公司重要活动安排

日　期	地　点	内　容	参加者
3日 （周一） 9:00 ~ 11:30	会议室	审议明年 发展规划	总经理 办公室主任 市场部（负责人） 技术部（负责人）
5日 （周三） 10:00	接待室	接待政府 采购考察组	公司领导 各部门负责人
6日 （周四） 14:00 ~ 16:00	会议室	前沿技术讲座	总经理 技术部（全体）
7日 （周五） 16:00 ~ 17:00	另行安排	落实员工系列培 训的相关事宜	人力资源部

57. 电脑工程师可能参加哪天的会议？

A. 周一　　　　　　　　　　B. 周三
C. 周四　　　　　　　　　　D. 周五

58. 媒体对总经理的采访可以约在：

A. 周一、周三　　　　　　　B. 周三、周四
C. 周四、周五130　　　　　　D. 周二、周五

59－60题

企业网站的内容及企业网站数量统计

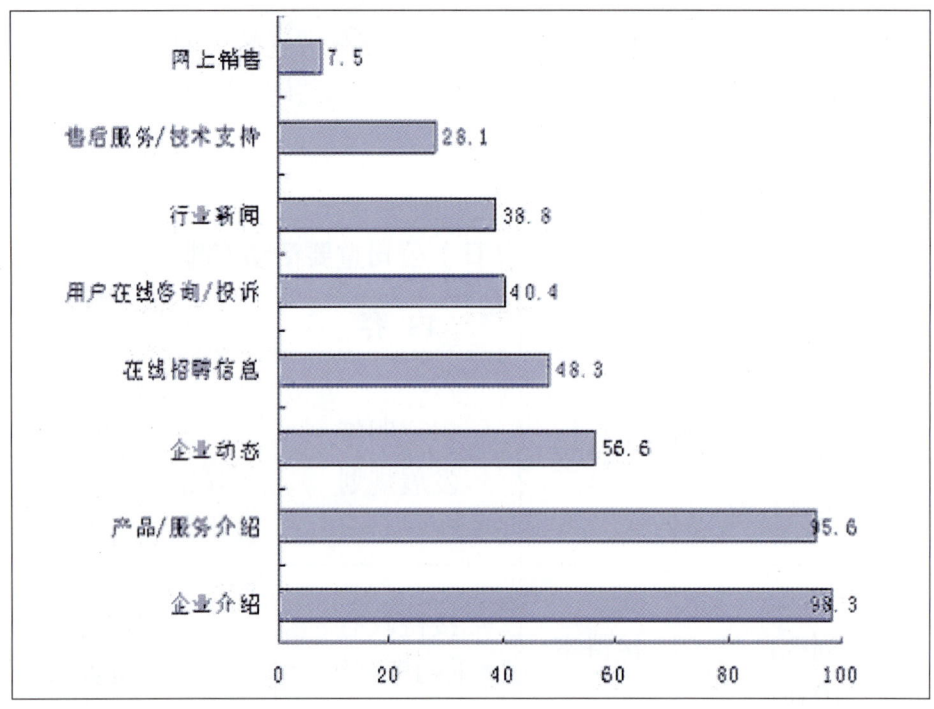

59. 几乎所有企业都在自己的网站提供了：
    A. 网上交易平台
    B. 用户反馈窗口
    C. 人力资源信息
    D. 企业及产品介绍

60. 下列哪种说法不符合图表反映的情况？
    A. 40%左右的网站提供新闻、咨询、招聘等信息
    B. 企业动态比行业新闻更受重视
    C. 网站的主要作用是直接参与销售活动
    D. 能与顾客直接交流的网站不到一半

61 – 62题

即日起，通过《电子商务》杂志社订阅全年杂志，可以享受以下优惠。

杂志 10 元／期，全年 12 期，120 元／全年

订阅 1~30 套优惠价：98 元／套／年
订阅 31~90 套 7.5 折优惠价：90 元／套／年
订阅 91~150 套 7 折优惠价：84 元／套／年
订阅 150 套以上 6.5 折优惠价：78 元／套／年

通过杂志社订阅20套以上者，不仅有机会获得瑞士军刀或购物代金券，还能成为我们杂志社的VIP会员，免费参加我们组织的专业讲座。

订阅方式：

1．邮局订阅：

2．网上订阅：

3．杂志社订阅：

4．上门收订

61．怎么做可能会得到赠品？
    A．订30套全年杂志
    B．买全12期杂志
    C．成为VIP会员
    D．在网上订阅

62 能享受到最优惠价格的办法是：
    A．邮局订阅
    B．网上订阅
    C．杂志社订阅
    D．上门收订

63 – 64题

电信行业利润前十家

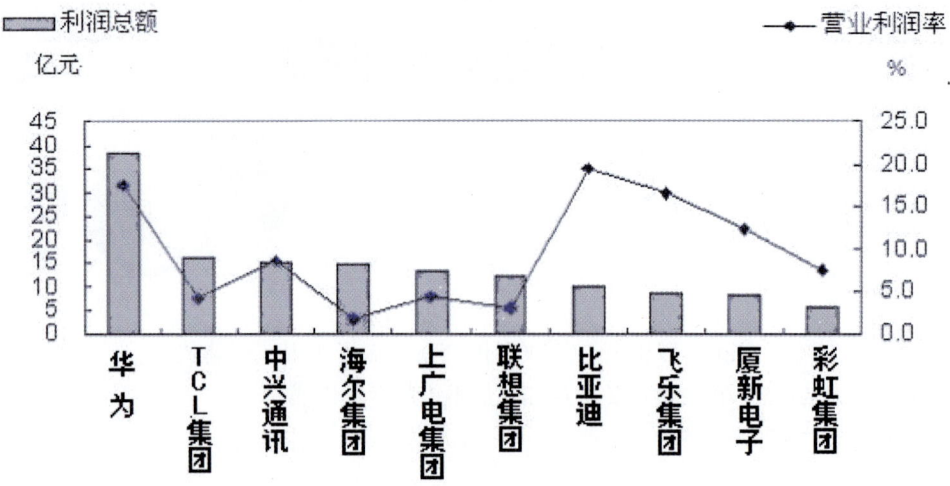

63. 哪个公司排列在利润总额的前三位以内？

    A. 华为   B. 飞乐

    C. 海尔   D. 比亚迪

64. 哪个公司的营业利润率在15%以下？

    A. 华为   B. 飞乐

    C. 海尔   D. 比亚迪

65-68题

　　为什么现在精细化的管理方式受到重视？因为很多企业失败的原因之一就在细节上。细节决定成败的例子数也数不清。

　　上海地铁一号线的设计看上去没有什么特别的地方。比如，一号线的每个出口都设计了一个转弯，看起来似乎就很没有必要。有了二号线以后，人们就把出口设计成直行。但就是转弯的这个细节，节省了很多冷、暖气，降低了一号线的经营成本。人们这才发现一号线在许多细节上其实考虑得非常周到。

　　上个世纪70年代，凯玛特（K-mart）是美国零售业的老大。沃尔玛（Wal-mart）是与凯玛特同一年创立的，当时的规模只有凯玛特的四十五分之一。但现在，凯玛特破产了，而沃尔玛却成为世界500强企业之一，在零售业市场上完全代替了凯玛特。正是对待细节的态度导致了凯玛特的悲剧。比如，沃尔玛专心做商品经营，做"小买卖"；凯玛特却搞多种经营，除了零售百货业，还搞房地产、金融投资等等。总之，两家公司在20多个细节上的不同，决定了两个公司发展道路的不同。

　　强调精细化管理具有重要的现实意义。做大事要从小事开始。我们要把事情"做完"，但更重要的是用心做事，把事"做好"才是更高的层次。现代企业之间的竞争就是细节的竞争，看谁能把小事情做得更完善。

65. 上海地铁一号线的设计怎么样？

　　A. 没有什么特别的地方　　　B. 有的设计没有必要
　　C. 地铁到站的地方有转弯　　D. 没有直行的出口

66. 沃尔玛和凯玛特在哪个方面差不多？

　　A. 经营项目　　　　　　　　B. 成立时间
　　C. 公司规模　　　　　　　　D. 发展过程

67. 在企业管理中，"做完"和"做好"的关系是什么？

　　A. 两种不同的层次　　　　　B. 两个不同的阶段
　　C. 两个不同的角度　　　　　D. 两次激烈的竞争

68. 全文主要是说明：

　　A. 设计要有计划　　　　　　B. 应该多做小事
　　C. 经营企业要专心　　　　　D. 细节的重要性

69 – 72题

收件人	dollywang@dongli.com
主　题	公司简介
时　间	2007-1-21 10:22

王冬丽小姐：

您好！

根据贵公司的要求，现在把我们俱乐部的基本情况向你们介绍一下。

俱乐部位于上海市北京西路338号。目前俱乐部有来自美国、意大利和上海、湖南等地的十五名员工。

总经理梁亚郎先生来自美国，他有非常丰富的出版、营销旅游读物的经验。1995年，他离开纽约《旅游假日》杂志社，到香港创办了自己的市场咨询公司。2002年，他又来到上海，成立了"享受上海"俱乐部。

"享受上海"实际上是一个会员制的俱乐部。会员交280元会费以后，可以得到一个礼盒。里面有一张特定编号的会员卡和一本标注着同样编号的优惠券手册。

优惠券手册名为《享受上海》（Enjoy Shanghai），里面集中了上海100多家中、高档消费场所的优惠券。每本定价280元，恰好是会费的数额。手册的销售情况很好，在不到半年的时间里，已经卖出了5000多册。

俱乐部的业务发展很快，跟我们合作的公司不断增加，现在已有近200家了。感谢贵公司对我们俱乐部的关注，也衷心地希望我们有合作的机会！此祝

大吉！

张　强
"享受上海"俱乐部　公关部

69. 写这封邮件的目的是：

    A. 在杂志上做广告   B. 介绍公司的情况

    C. 参加一个俱乐部   D. 开一家广告公司

70. 梁亚郎先生是俱乐部的：

    A. 创始人   B. 董事长

    C. 财务总监   D. 顾问

71. 《享受上海》实际上是：

    A. 一家会员制俱乐部   B. 一本优惠券手册

    C. 一个高档消费场所   D. 一本休闲杂

72. 关于优惠券手册，下列哪个说法是正确的？

    A. 免费赠送给广大消费者

    B. 纽约的杂志社出版

    C. 编号与会员卡号码一致

    D. 在100多家消费场所发行

第二部分

73 – 78题

国庆节以后，电器消费市场开始冷清，但"好乐"公司各门市部的销售却（73）火热，占据了全市电器销售60%的市场（74）。为什么会出现如此大的（75）呢？如果光说好乐公司擅长促销，似乎并不能（76）问题，因为本市其他电器厂商的促销广告也并不逊色。好乐公司销售的电器产品在技术上也并（77）是最先进的。他们成功的（78）在于先进的经营理念，以及周到的售后服务。

73. A. 正常 B. 异常 C. 可是 D. 经常
74. A. 数量 B. 份额 C. 份量 D. 效率
75. A. 错误 B. 差错 C. 落后 D. 差别

76. A. 提到 B. 解决 C. 说明 D. 分析

77. A. 不都 B. 都不 C. 都 D. 不
78. A. 关键 B. 秘密 C. 结果 D. 措施

79－84题

国货、洋货，哪个（79）能让消费者掏钱"买单"？上海市商业信息中心最近（80）的一份调查报告显示，2003年上海市场国产品牌畅销程度高于进口品牌。据调查，在食品、家电两大领域中，国产品牌的（81）最明显，国产品牌的比重（82）占总销售量的84％和63％。在移动电话等技术要求很高的领域里，进口品牌对消费者的（83）远比国产品牌大。这些消费品以年轻消费者群体为目标客户，市场（84）更大，利润空间更广。

79．A. 还 B. 再 C. 也 D. 更

80．A. 发布 B. 宣传 C. 宣布 D. 宣告

81．A. 优点 B. 优势 C. 销量 D. 销路

82．A. 各个 B. 分开 C. 分别 D. 平均

83．A. 号召力 B. 说服力 C. 购买力 D. 吸引力

84．A. 力量 B. 潜力 C. 能力 D. 力度

第三部分

说明：85—94题，每组有ABCD四段短小的文字材料，请判断哪个问题或句子分别与哪段材料有关系。答案请涂在答卷上。

85 – 89题

请确定85 – 89题分别跟哪段文字有关系。

85．黄金周期间的旅游对环境有什么影响？

86．专家对游客有什么建议？

87．今年十一黄金周旅游景点的收益怎么样？

88．十一月百货商店的销售收入怎么样？

89．为什么政府实行了黄金周的计划？

A	B
今年的"十一"黄金周7天长假，中国内地共接待旅游者1.01亿人次，比去年同期增长12.1%；旅游总收入达397亿元人民币，比去年同期增长14.7%，创历次黄金周新高。据不完全统计，黄金周期间，北京全市公园共接待游人511万人次，较去年同期增加了近7%。	今年国庆黄金周期间，全国百家大型零售商场的销售额共为40.9亿元，比去年同期增长15.16%，零售额为39.1亿元，同比增长13.69%。统计显示，"五一"、国庆和春节所在的月份是一年中全国消费品零售总额最多的月份，而相邻的月份又是最少的。

<table>
<tr><td>

C

　　超负荷接待游客给景区带来了破坏，生态脆弱的西部和一些文物保护单位，更经不住蜂拥而至的滚滚人潮。据全国假日旅游部协调会议办公室发布的"十一"黄金周旅游信息通报，10月3日曲阜孔庙接待游客8.2万人次，超过核定最佳日接待量的37%；乌镇全天接待游客2.35万人次，超过规定的最佳日接待量的135%。

</td><td>

D

　　在旅游界赚了大钱、旅游者拖着疲惫的脚步开始一周工作之时，也有学者指出，几年前制订黄金周制度，以培育中国内地旅游市场、拉动消费的目的已经达到，而由于几亿人集中出行所带来的诸多问题则日益明显，国家应该取消黄金周制度。专家同时还提醒游客，应尽量避开消费高峰期，降低消费成本，获得更大的消费效用，使旅游消费更加理性。

</td></tr>
</table>

90－94题

请确定90－94题分别跟哪段文字有关系。

例如：西门公司拒绝雇用经常跳槽的人。　　最恰当的答案是C。

90．缺乏发展空间是跳槽的最重要的原因。

91．跳槽是法律规定的权利。

92．公司不欢迎频繁跳槽的员工。

93．如果把原来公司的秘密告诉别的公司，就会违反《劳动法》。

94．为了加薪而提出跳槽不是个好办法。

<table>
<tr><td>

A

　　选择职业是《劳动法》规定的劳动者的一项基本权利，劳动者为了在给社会创造财富的同时实现自身的价值，变换工作成为一种普遍的社会现象，并被形象地称为"跳槽"。合法的跳槽，必须注意以下事项：1、合法地解除与原单位的劳动合同；2、如有违约，违约方须支付相关的赔偿金；3、承担保密义务。

</td><td>

B

　　目前在中国，员工的跳槽率特别高。为了使企业和员工双方都能正视"跳槽"这个问题，"中国人力资源开发网"近期进行了"员工跳槽的主要原因"的调查，结果显示："没有个人发展空间"是员工最终选择离开公司的关键因素，"不满薪酬待遇"是第二重要的原因。

</td></tr>
</table>

C

　　西门公司对员工忠诚度的要求十分高。他们招聘时，要看应聘者的经历，那些每半年、一年就跳槽的人西门公司是不会要的。另一方面，西门公司很重视员工的发展，会仔细考虑员工长期的职业规划，给予他们很多的机会和发展空间，让员工与公司一起成长。在西门公司，员工流动中自愿离开的比例非常低。

D

很多人把跳槽作为一种加薪的手段向公司提出，职业顾问认为这对个人来说无疑很危险，因为大部分团队领导不会挽留有意跳槽的员工。从公司方面来看，跳槽也是一种正常的现象，是实现人力资源最佳组合的一种方式。但如果你是为达到加薪的目的而提出跳槽，很难让HR经理或上司接受，即使他们一时满足你的要求，但对你在公司的长期发展并无好处。

第四部分

说明：95－100题，读后写出简要的回答。每题的答案字数20个字以内。答案请写在答卷上。

95－100题

95．哪种类型企业的市场占有率和业务增长率都高？

96．哪种类型企业的市场占有率和业务增长率都低？

97．"金牛"企业的市场占有率能够带来什么？

98．"明星"企业增加投资的目的是什么？

99．对发展很快的"幼童"企业应该采取什么样的经营措施？

100．"瘦狗"企业的投资回报率怎么样？

企业的类型

在确定各个企业的经营方向时，应考虑到企业的市场占有情况和业务增长情况。根据这两个指标，可以把企业分为四种不同类型。

"金牛"企业的特点是市场占有率较高，而业务增长率较低。较高的市场占有率能够带来高营业额和高额利润。而较低的业务增长率只需少量投资。这样，"金牛"企业就可提供大量现金来巩固整个企业的经营基础，开发新的增长点。

"明星"企业的市场占有率和业务增长率都较高，因而投入的资金和产出的利润数量都很大。这种企业代表着最佳投资机会，为了维持有利的市场地位，实现更多的市场利润，应该增加必要的投资，扩大生产规模。

"幼童"企业的业务增长率较高，而目前的市场占有率相当低。由于高增长速度需要大量投资，而较低的市场占有率只能提供少量的现金。这可能是刚刚开发而发展势头很好的经营领域，这样，企业应该做出的选择是增加必要的资金投入，以扩大销售量，提高市场份额，从而转变成"明星"企业。如果决策者认为在计划时间内不可能成为"明星"企业，则应该控制资金投入的规模，甚至采取放弃策略。

"瘦狗"企业的特点是市场份额和业务增长率都比较低，企业的投资回报率相当低，维持生产能力和竞争地位所需的资金甚至可能超过它的利润，出现负增长。这种不景气的企业可能成为一个资金"黑洞"，宜及时放弃。

阅读考试结束。

商 务 汉 语 考 试 答 卷

姓 名	中文	
	英文	
试卷号码		

A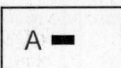

序 号

[0] [1] [2] [3] [4] [5] [6] [7] [8] [9]
[0] [1] [2] [3] [4] [5] [6] [7] [8] [9]
[0] [1] [2] [3] [4] [5] [6] [7] [8] [9]
[0] [1] [2] [3] [4] [5] [6] [7] [8] [9]
[0] [1] [2] [3] [4] [5] [6] [7] [8] [9]

国籍/民族

代 号

[0] [1] [2] [3] [4] [5] [6] [7] [8] [9]
[0] [1] [2] [3] [4] [5] [6] [7] [8] [9]
[0] [1] [2] [3] [4] [5] [6] [7] [8] [9]

性 别

男 □
女 □

考点代号

答题要求

1. 一定要用铅笔涂写。
2. 1-42、51-94要这样涂 "▬"，不要这样涂 "▨"。
3. 汉字要写清楚。
4. 修改时要用橡皮擦干净。

1

1 [A] [B] [C]
2 [A] [B] [C]
3 [A] [B] [C]
4 [A] [B] [C]
5 [A] [B] [C]
6 [A] [B] [C]
7 [A] [B] [C]
8 [A] [B] [C]
9 [A] [B] [C]

10 [A] [B] [C]
11 [A] [B] [C]
12 [A] [B] [C]

13 [A] [B] [C] [D]
14 [A] [B] [C] [D]
15 [A] [B] [C] [D]

16 [A] [B] [C] [D]
17 [A] [B] [C] [D]
18 [A] [B] [C] [D]
19 [A] [B] [C] [D]
20 [A] [B] [C] [D]
21 [A] [B] [C] [D]
22 [A] [B] [C] [D]
23 [A] [B] [C] [D]
24 [A] [B] [C] [D]

25 [A] [B] [C] [D]
26 [A] [B] [C] [D]
27 [A] [B] [C] [D]
28 [A] [B] [C] [D]
29 [A] [B] [C] [D]
30 [A] [B] [C] [D]
31 [A] [B] [C] [D]
32 [A] [B] [C] [D]
33 [A] [B] [C] [D]

34 [A] [B] [C] [D]
35 [A] [B] [C] [D]
36 [A] [B] [C] [D]
37 [A] [B] [C] [D]
38 [A] [B] [C] [D]
39 [A] [B] [C] [D]
40 [A] [B] [C] [D]
41 [A] [B] [C] [D]
42 [A] [B] [C] [D]

43
[A]
[B] _____

44
[A]
[B] _____

45
[A]
[B] _____

46
[A]
[B] _____

47
[A]
[B] _____

48
[A]
[B] _____

49
[A]
[B] _____

50
[A]
[B] _____

2

51 [A] [B] [C] [D]
52 [A] [B] [C] [D]
53 [A] [B] [C] [D]
54 [A] [B] [C] [D]
55 [A] [B] [C] [D]
56 [A] [B] [C] [D]
57 [A] [B] [C] [D]
58 [A] [B] [C] [D]
59 [A] [B] [C] [D]

60 [A] [B] [C] [D]
61 [A] [B] [C] [D]
62 [A] [B] [C] [D]
63 [A] [B] [C] [D]
64 [A] [B] [C] [D]
65 [A] [B] [C] [D]
66 [A] [B] [C] [D]
67 [A] [B] [C] [D]
68 [A] [B] [C] [D]

69 [A] [B] [C] [D]
70 [A] [B] [C] [D]
71 [A] [B] [C] [D]
72 [A] [B] [C] [D]
73 [A] [B] [C] [D]
74 [A] [B] [C] [D]
75 [A] [B] [C] [D]
76 [A] [B] [C] [D]
77 [A] [B] [C] [D]

78 [A] [B] [C] [D]
79 [A] [B] [C] [D]
80 [A] [B] [C] [D]
81 [A] [B] [C] [D]
82 [A] [B] [C] [D]
83 [A] [B] [C] [D]
84 [A] [B] [C] [D]
85 [A] [B] [C] [D]
86 [A] [B] [C] [D]

87 [A] [B] [C] [D]
88 [A] [B] [C] [D]
89 [A] [B] [C] [D]
90 [A] [B] [C] [D]
91 [A] [B] [C] [D]
92 [A] [B] [C] [D]
93 [A] [B] [C] [D]
94 [A] [B] [C] [D]

95
[A]
[B] _____

96
[A]
[B] _____

97
[A]
[B] _____

98
[A]
[B] _____

99
[A]
[B] _____

100
[A]
[B] _____

商 务 汉 语 考 试 答 卷

姓名 中文 _____
英文 _____

试卷号码 _____

A ▬

序号
[0] [1] [2] [3] [4] [5] [6] [7] [8] [9]
[0] [1] [2] [3] [4] [5] [6] [7] [8] [9]
[0] [1] [2] [3] [4] [5] [6] [7] [8] [9]
[0] [1] [2] [3] [4] [5] [6] [7] [8] [9]
[0] [1] [2] [3] [4] [5] [6] [7] [8] [9]

国籍/民族 _____

代号
[0] [1] [2] [3] [4] [5] [6] [7] [8] [9]
[0] [1] [2] [3] [4] [5] [6] [7] [8] [9]
[0] [1] [2] [3] [4] [5] [6] [7] [8] [9]

性 别
男 □
女 □

考点代号

答题要求
1. 一定要用铅笔涂写。
2. 1-42、51-94要这样涂 "▬"，不要这样涂 "▨"。
3. 汉字要写清楚。
4. 修改时要用橡皮擦干净。

1

1 [A] [B] [C]	10 [A] [B] [C]	16 [A] [B] [C] [D]	25 [A] [B] [C] [D]	34 [A] [B] [C] [D]
2 [A] [B] [C]	11 [A] [B] [C]	17 [A] [B] [C] [D]	26 [A] [B] [C] [D]	35 [A] [B] [C] [D]
3 [A] [B] [C]	12 [A] [B] [C]	18 [A] [B] [C] [D]	27 [A] [B] [C] [D]	36 [A] [B] [C] [D]
4 [A] [B] [C]		19 [A] [B] [C] [D]	28 [A] [B] [C] [D]	37 [A] [B] [C] [D]
5 [A] [B] [C]		20 [A] [B] [C] [D]	29 [A] [B] [C] [D]	38 [A] [B] [C] [D]
6 [A] [B] [C]		21 [A] [B] [C] [D]	30 [A] [B] [C] [D]	39 [A] [B] [C] [D]
7 [A] [B] [C]	13 [A] [B] [C] [D]	22 [A] [B] [C] [D]	31 [A] [B] [C] [D]	40 [A] [B] [C] [D]
8 [A] [B] [C]	14 [A] [B] [C] [D]	23 [A] [B] [C] [D]	32 [A] [B] [C] [D]	41 [A] [B] [C] [D]
9 [A] [B] [C]	15 [A] [B] [C] [D]	24 [A] [B] [C] [D]	33 [A] [B] [C] [D]	42 [A] [B] [C] [D]

43
[A]
[B] _____

46
[A]
[B] _____

49
[A]
[B] _____

44
[A]
[B] _____

47
[A]
[B] _____

50
[A]
[B] _____

45
[A]
[B] _____

48
[A]
[B] _____

2

51 [A] [B] [C] [D]	60 [A] [B] [C] [D]	69 [A] [B] [C] [D]	78 [A] [B] [C] [D]	87 [A] [B] [C] [D]
52 [A] [B] [C] [D]	61 [A] [B] [C] [D]	70 [A] [B] [C] [D]	79 [A] [B] [C] [D]	88 [A] [B] [C] [D]
53 [A] [B] [C] [D]	62 [A] [B] [C] [D]	71 [A] [B] [C] [D]	80 [A] [B] [C] [D]	89 [A] [B] [C] [D]
54 [A] [B] [C] [D]	63 [A] [B] [C] [D]	72 [A] [B] [C] [D]	81 [A] [B] [C] [D]	90 [A] [B] [C] [D]
55 [A] [B] [C] [D]	64 [A] [B] [C] [D]	73 [A] [B] [C] [D]	82 [A] [B] [C] [D]	91 [A] [B] [C] [D]
56 [A] [B] [C] [D]	65 [A] [B] [C] [D]	74 [A] [B] [C] [D]	83 [A] [B] [C] [D]	92 [A] [B] [C] [D]
57 [A] [B] [C] [D]	66 [A] [B] [C] [D]	75 [A] [B] [C] [D]	84 [A] [B] [C] [D]	93 [A] [B] [C] [D]
58 [A] [B] [C] [D]	67 [A] [B] [C] [D]	76 [A] [B] [C] [D]	85 [A] [B] [C] [D]	94 [A] [B] [C] [D]
59 [A] [B] [C] [D]	68 [A] [B] [C] [D]	77 [A] [B] [C] [D]	86 [A] [B] [C] [D]	

95
[A]
[B] _____

97
[A]
[B] _____

99
[A]
[B] _____

96
[A]
[B] _____

98
[A]
[B] _____

100
[A]
[B] _____

中国　北京　国家汉语水平考试委员会办公室

D&E   G061103

商务汉语考试仿真题二
（口语）

试 卷

注意事项

一、口语考试共两道题，10分钟。

二、请注意听录音，按照录音中考官的指令回答问题并进行口语
　　考试。

三、口语考试结束后，请检查录音是否录上。

第一题：

你们公司要召开一个新闻发布会，推广最新的产品。请你电话通知公关部林燕部长参加预备会议，说明：

1　时间：9月12日（星期四）上午9：00
2　地点：公司1号会议室
3　主持人：王立人副总经理
4　出席对象：公关部正副部长、市场营销部正副部长、生产技术部部长
5　会议内容：
　　（1）讨论新闻发布会程序
　　（2）讨论新闻发布会的宣传资料

时间：准备1分钟30秒，说1分钟。

第二题：

你有机会在本市信息发布会上作一个发言。可以是介绍一种新产品、说明一个新的服务项目，为一个项目征求资金方面的合作伙伴，为一项专利寻求投资方。请选定一个角度，作2分钟的发言。

时间：准备2分钟30秒，说2分钟。

 商务汉语考试仿真题二
（写作）

试 卷

第一题：

你是公司的秘书，一个客户代表团三天后将来你们公司访问。你要发一封电子邮件给对方，说明：

1　表示欢迎

2　要求确认来访日期、飞机航班及到达时间

3　请对方提供来访人员名单，包括身份和食宿接待要求

字数：100~150字。

第二题：

你在一家公司的市场销售部工作了三年，现在希望到一家合资企业，应聘销售部经理的岗位。请写一封求职信，说明：

1　学历及工作经历和工作能力

2　离开现在岗位的原因

3　应聘新岗位的想法

字数：250字以上。使用书信体。

答　卷

姓名
国籍
序号　_____

_____

_____

考试要求

一、考试内容：两篇短文
二、考试时间：40分钟
三、书写要求：用汉字书写（可以用繁体字）。每个汉字及
　　标点符号占一个格。

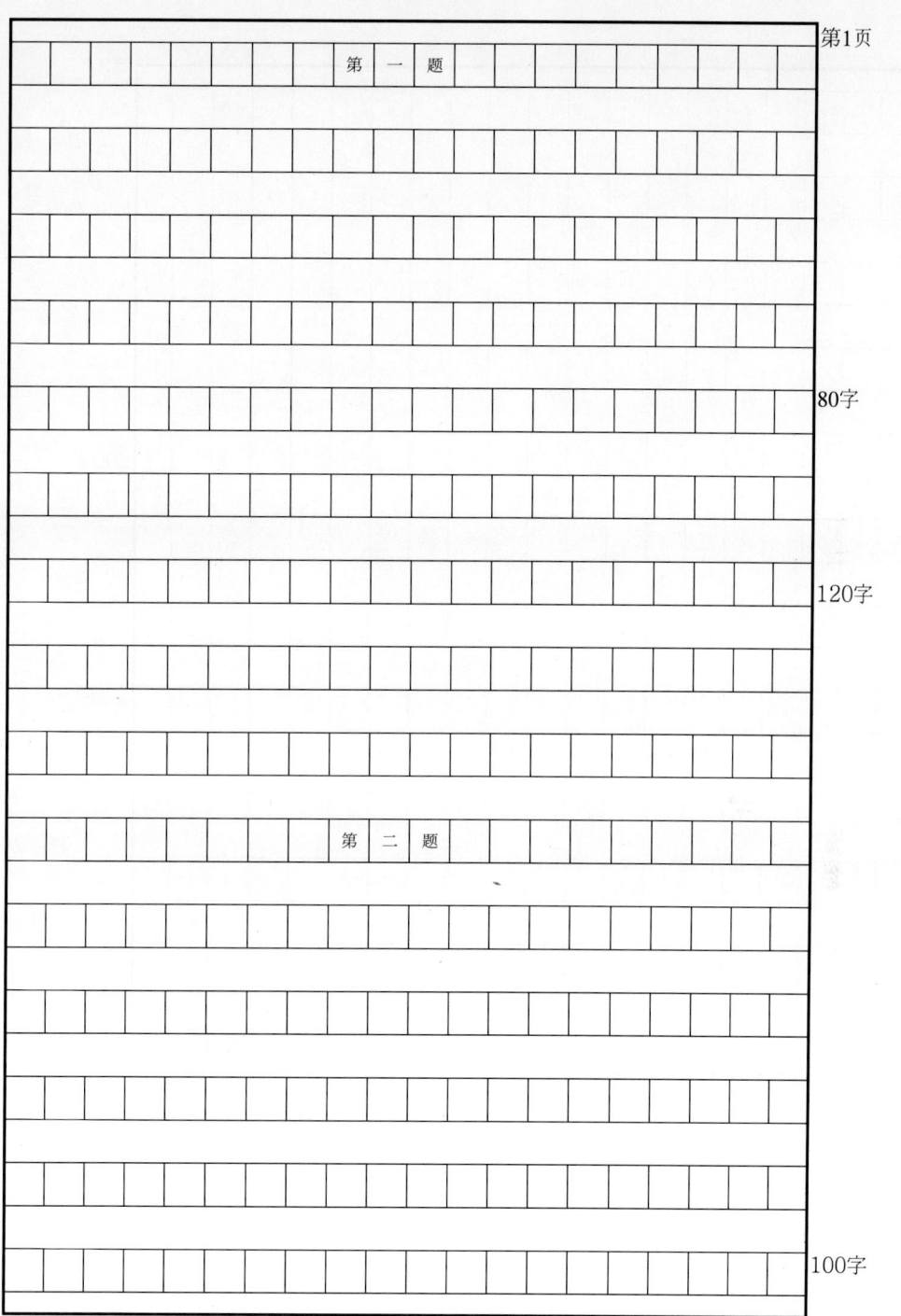

第1页

第 一 题

80字

120字

第 二 题

100字

15×20=300

第2页

200字

260字

15×20=300

BCT

정답 및 해설

모의시험 1회 답안

一、听力(듣기)

1	B	2	B	3	C	4	A
5	C	6	B	7	B	8	C
9	A	10	B	11	B	12	A
13	A	14	C	15	C	16	B
17	C	18	D	19	B	20	A
21	D	22	D	23	D	24	B
25	A	26	C	27	B	28	D
29	C	30	D	31	A	32	B
33	C	34	A	35	C	36	D
37	C	38	D	39	C	40	B
41	A	42	D				

43	张勇（张勇律师、张律师）	44	面谈	45	本周末
46	主打产品	47	调试	48	招聘
49	250,000（25万）	50	30,000（3万）		

二、阅读(독해)

51	C	52	D	53	A	54	D
55	B	56	A	57	C	58	C
59	D	60	C	61	C	62	A
63	B	64	C	65	C	66	A
67	A	68	D	69	B	70	A
71	C	72	D	73	C	74	A
75	D	76	A	77	B	78	D
79	B	80	C	81	A	82	D
83	B	84	B	85	B	86	D
87	C	88	C	89	B	90	D
91	B	92	D	93	C	94	B

95	2006年12月31日
96	收到《交付通知》后5天内
97	提前一个月通知甲方
98	当月5日前
99	月租金的千分之二
100	乙方支付履约保证金后

听力录音文本

商务汉语考试仿真题一

一、听力

第一部分

> **说明：** 第1到第12题，在这部分试题中，每一题你将听到一个人问一句话，另一个人说出ABC三种应答。请你选出最恰当的应答。问话和应答都没有印在试卷上，只播放一遍。
>
> 例如：第5题：你听到一个人问：您好，请问您找谁？
>
> 你听到另一个人应答：A 王经理。
> B 我去找他。
> C 请您问吧。
>
> 最恰当的应答是A 王经理。你应该在答卷上涂黑A。
> 好，现在我们开始做第1题。

第1题：
男：展览会要开多长时间？
女：A 明天才结束。
　　B 一个星期吧
　　C 下周一开始。

第2题：
女：你们公司的规模大吗？
男：A 我们的客户很多，业务量也很大。
　　B 我们是家小公司，但业绩很好。
　　C 我们从国外进口很多东西。

第3题：
男：请问，人事部在哪儿？
女：A 对不起，李经理不在。
　　B 我们现在不招人。
　　C 向右拐，财务部对面。

第4题：
女：别的厂家都在降价，我们是不是也降?
男：A 再等一等，看看情况再说。
　　B 我喜欢大减价，可以买便宜货。
　　C 降价就是降低原来的价格。

第5题：
男：跟张总谈得怎么样？
女：A 他的报告很有意思。

　　B 张总特别喜欢讲笑话。
　　C 他还是一点也不肯让步。

第6题：
女：你帮客户预订一下宾馆，费用我们出。
男：A 客户就是上帝。
　　B 好的，我马上安排。
　　C 出那么多钱没意思。

第7题：
女：我们需要一个有经验的业务员。
男：A 这是我刚写的简历。
　　B 我做过三年的业务员。
　　C 我一定会努力工作的。

第8题：
男：我们的广告电视台播了没有？
女：A 对，电视广告影响很大。
　　B 电视广告的广告费太贵了。
　　C 还没有，要等到下个星期。

第9题：
女：这种鞋批发价是多少？
男：A 不贵，价钱好商量。
　　B 这种鞋买的人最多。
　　C 我们成批进货。

第10题：
男：这个牌子的女式手提包还有吗？
女：A 这可是名牌，很贵的。
　　B 这个牌子刚卖完，明天就会进货。
　　C 这又不是什么好牌子。

第11题：
女：听说你又跳槽了？
男：A 我最喜欢的就是跳槽。
　　B 不跳不行啊，待遇太低了。
　　C 第一次跳槽挺担心的。

第12题：
男：听说这笔买卖没有谈成？
女：A 你听谁说的？
　　B 我很想知道谈的结果。

C 是老王告诉我的。

第二部

第13题：关于公司的销售情况，下面哪幅图是正确的？

男：看上去六到九月份公司销售情况波动比较大。

女：是的。六到七月略微有所下降，到八月份就大幅度上升，成为各个月中最好的，但到了九月又下降了。

男：甚至还降到了今年各个月销售的最低点。

第14题：下面哪条曲线反映了产品市场销售的实际情况？

男：本健身产品是专门为中老年人设计的。50到70岁的人应该是消费主体。

女：但市场调查却显示，20到50岁的人买得更多。特别是30到39岁这一年龄段的消费者。

男：这个现象要好好研究研究。

第15题：哪种包卖得比较好？

男：现在哪种款式的女包销路比较好？

女：带斜线的那种。

男：是带子比较短，只能拎的那种吗？

女：可以背的那种比可以拎的那种更好卖。

第16题：销售部的人坐在哪里？

男：今天的会议，安排人事部和销售部的人坐在靠近黑板那一边的中间的两个位置上。

女：是人事部先做报告吗？

男：对，让人事部长坐在靠黑板近一点儿的那个位置。旁边坐销售部经理。另一边中间两个位置留出来，给副总裁和总裁助理坐。

女：好的，到时我会安排好的。

第17题：哪张是他们要做的广告张贴画？

男：广告张贴画要尽量多用图片，少用文字。在视觉上吸引人很重要。

女：但篇幅有限，所以我觉得与其多用小图还不如用大图片。

男：大图片也要尽可能多一些。

女：这我明白。那文字是竖排还是横排呢？

男：那倒无所谓，横排吧，方便一点儿。

第18题：他们最可能怎么休假？

男：关于这次公司的休假你有什么想法？

女：我不想去很远的地方。我家附近有个陶吧，我觉得在陶吧做做陶器挺好的。

男：我可不喜欢，还不如去滑雪呢，多刺激。

女：可滑雪比较危险，再说我又不会。

男：你又要安静，又要安全，那去郊区钓鱼怎么样？

女：这倒可以考虑。

第19题：哪个是新来的工程师？

男：你见过新来的工程师吗？

女：他长什么样儿？

男：戴副阔边眼镜儿，剪了个小平头。

女：是不是今天还拿了把伞的那位？

男：人家在英国待久了，习惯了。

第20题：改过后的宣传画是怎么样的？

女：您看宣传画行吗？最上面是音乐会名称，中间是指示地址的地图，下面印钢琴。

男：钢琴的位置应该突出，要放在名称下面，地图放在角落里倒没关系。

女：对不起，我还不太明白，您说的放在名称下面，是指放在整个宣传画中间，还是指作为背景，将图片和名称叠放在一起？

男：哦，放在中间比较好。

女：那我这就去改。

第21题：下面哪个是正确的？

女：今天开会，我可能要晚到一会儿。

男：那不太妥吧，今天大老板要来啊！

女：可我那口子病了，我得去医院看看。

第22题：女的对银行调息的态度如何？

男：最近银行调息，你怎么看？

女：我没向银行贷款，存的钱也不多，让它调吧。

男：你这日子过得倒也潇洒。

第23题：女的离开原来公司的原因是什么？

男：你离开原来的公司，是因为薪水问题吗？

女：倒也不完全是为了钱，人际关系也是比较重要的因素。

男：那是和老板或者同事的关系不协调吗？

女：上上下下都太古板了。

第24题：他们觉得这位新同事怎么样？

女：我们这个新同事工作"非常努力"啊。

男：是啊，弄得我们也不能准时下班了。

女：最高兴的一定是老板，大家都给他卖命。

男：这就是所谓的"榜样"啊！

第25题：对话人之间是什么关系？

男：为我们今天的首次合作成功干杯！

女：良好的开端是成功的一半，希望我们能继续努力，创造更多的合作机会。

男：那还要贵公司多多支持啊。

女：哪里，哪里，互相支持嘛！

第26题：这次谈判将怎么进行？

男：我们先来谈一下专利问题吧？

女：我认为还是把专利问题放到最后谈，这个问题比较棘手。

男：说得有理，那就先谈一下我们在反盗版方面的合作吧。

女：在谈合作之前，必须先强调一下我们双方在这方面的共同利益关系。

第27题：男的最早在哪儿工作？

男：您在哪儿工作？

女：我在银行工作。你呢？

男：我最早和你是同行，但后来跳过两次槽。

女：都干过什么？

男：医药公司和外贸公司。但现在都不干了。

第28题：他们最后成交的价格是多少？

男：贵方报价100万元，我觉得在价格上还不是特别有竞争力。

女：但我们是大公司，质量是绝对保证的。您出80万实在是偏低了。

男：那大家都让一步，90万如何？

女：好了，好了，别说了。初次合作，我们可以同意给5%的折扣，这是底价了。

男：那就成交吧！

第29题：女的马上应该送去的是什么纸？

男：好像我们收到的不是我们订的货。

女：让我查一下。你们订的是A4纸5，000张？

男：对啊，是A4的，但你们送来的是A3的。

女：哦，对不起，我们这就来换。

男：那再给我们带5，000张B3的纸吧。

第30题：那份材料怎么给张先生？

男：小李，你尽快把那份材料交给达宏公司的张先生。

女：好的，经理，我这就叫快递。

男：没几个字，发个E-mail或传真就可以了。

女：哦，我弄错了，还以为是那份市场调研报告呢。

男：是关于销售的那份，你就发个传真吧，这最省事。

第31题：关于这次的培训，下面哪个消息是错的？

男：公司的培训课程又要开始了。

女：在哪个培训中心办啊？

男：还是原来的那个。这次不用个人出资料费了，全部由公司报销。

女：还是老规矩，想去的都能去吗？

男：这次吸取了上次的教训，限定人数了，每班12人，而且只开中、高级两个班。欲报从速啊！

女：那我现在就去报名。

第32题：男的订了哪种房间？

女：您好，这里是假日旅馆总台。

男：小姐，我想预订一个经济单人间，12月23日的。

女：对不起，23号的经济单人间全部订完了。您是否可以考虑一下别的房型。

男：价钱怎么样？

女：豪华单人间是250元，标间280元，豪华双人间500元。

男：那还是单间吧！

女：先生贵姓？……

第三部分

第33到第35题的问题是：

第33题：女的认为饮料怎么样？
第34题：男的介绍这种饮料的优点时，下列哪一项没有讲到？
第35题：成交量可能是多少？

这三个问题是根据下面一段商务谈判：

男：你认为这种饮料的口感如何？

女：好极了。香味独特，完全可与名牌产品媲美。只是价格上……

男：一分价钱一分货嘛！我们的产品今年荣获了首届全国食品饮料精品博览会金奖，最近又被农业部授予"绿色食品"标志。经科学鉴定，具有清心明目、润肺止咳、降低血脂的功效，是一种营养保健饮品，十分畅销。

女：我承认贵公司的产品无可挑剔，只是的价格我们就无利可赚了。

男：如果订购量超过100箱，价格上可以优惠10%，你们能订购多少？

女：如果订购150箱，你能给的最高优惠价是多少？

男：这样吧，如果你能订购200箱以上，为了今后的合作，我们优惠12%卖给你，怎么样？

女：既然你这么爽快，那我还能说什么呢？明天我就带支票来。

男：行，后天我们就可以发货。

第36到第39题的问题是：

第36题：这段采访的主题是什么？
第37题：陈先生认为品牌是什么？
第38题：品牌建设最重要的是什么？
第39题：陈先生最有可能的身份是什么？

这四个问题是根据下面一段采访：

女：您好，陈先生。这次采访主要是想了解一下您对品牌的看法。

男：好的。关于品牌的讨论一直都是一个热门话题。

女：我们最想知道的是，您认为品牌到底是什么？

男：我听到很多经营者说"我已经做得很好了"。他们指的是在材料、款式、加工技术方面。其实这些还不是品牌，只是产品生产过程中的要素。产品不等于品牌，品牌首先是一种价值，是观念性的价值。

女：您能再具体点儿吗？

男：品牌就是联想。消费者会对这个名字产生联想，好的或者不好的。品牌是一种无形的力量，如可口可乐就是一个能影响世界1/10人群的品牌。

女：那么品牌建设关键是什么？

男：品牌建设当然要靠先进的技术、靠科学的管理、靠有效的宣传，但是质量是第一位的，质量是入场券。质量包括产品的质量和一系列的服务。

女：您认为中国最有价值的品牌有哪些？

男：在中国内地还没有这一类的评选，但我们认为，我们海尔在品牌建设方面是非常注意的，做得比较好。很多中国的管理者不相信观念性的东西，可我们海尔一开始就相信这种无形的东西能带来利润。海尔本身在技术上并没有多少让别人害怕的地方，但是它的品牌给顾客的联想是稳定的、一致的、积极的。例如：很多消费者说到海尔的第一反应就是"海尔的服务是放心的"。

第40到第42题的问题是：

第40题：男士的工作岗位可能是什么？
第41题：女的有什么要求？
第42题：这台空调怎么样？

这三个问题是根据下面一段对话：

女：这台空调修了这么多次了，还是不好使，你们看能不能退了？

男：对不起，已经这么长时间了，只能修理。

女：可是机器本身质量有问题，再修也不见得能修好。

男：这机器质量没问题，可能是使用问题。

女：使用有什么问题？按电钮还能按坏了？

男：每次在我们这儿检修之后都是好好的，您都看见了。

女：不行，我要求退货！

男：已经过了退货期。

女：你们不能这样不负责任。

男：您第一次送来就已经过了保修期，我们还是免费给您更换零件，我们已经尽力了。

女：我不跟你说，找你们头儿来。

男：找经理来也没用，我们得按规矩办事。

女：不给退我就去投诉你们。

男：您可以投诉，但最好的办法是我们给您修好了，您也满意。

第四部分

第43到第44题是根据下面这段电话录音：

女：（电话铃响）您好，这里是新星有限公司总经理办公室。

男：王总在吗？

女：王总正在开会，请问有什么事吗？我可以帮您转告。

男：我是天平律师事务所的，想跟他谈一下贵公司与韩国天宇公司将要签订的那份合同。

女：合同有什么问题吗？

男：有些条款有歧义，要修改，麻烦你转告他尽快跟我约时间面谈。

女：您的电话号码是……

男：83151800。

女：83151800。好，我记下了，请问先生贵姓？

男：我姓张，弓长张。单名一个勇，勇敢的勇。

女：好的，张律师，我会尽快转告我们总经理的。

第45到第48题是根据下面一段对话：

总经理：今天的例会主要是各部门汇报工作的进展情况。请财务部先谈。

财务部：我们目前正在研究财务制度的改革方案，初稿可在本周末完成。

总经理：很好，下周召开专门会议讨论，要争取明年实施。销售部呢？

销售部：我们正在进行本公司主打产品的市场份额调查。

总经理：这项调查很重要。下周一务必提交给我一份市场调研报告。生产部呢？新自动装配线下个月开工有什么困难吗？

生产部：目前进展很顺利，明天安装完毕，立即开始调试，本月末可以完成。

总经理：很好。希望能抓紧。最后人事部谈谈。

人事部：我们目前正在开展校园招聘活动。

总经理：情况怎么样？

人事部：已经有200多硕士生和本科生报名。

总经理：好，人才是公司发展的关键。今天就到这里，希望各部门注意协调，继续努力。

第49到第50题是根据下面一段讲话：

现在我们来回顾一下我们的最新产品——CMAT的销售情况。CMAT 2000年投放市场，2001年销售量达到250,000件，到了2002年又增加了200,000件，达到450,000件。2003年的销售情况也不错，达到580,000件。2004年的销售量稍有回落，为550,000件。

听力考试到此结束。

해 설
··········

모의시험 1회

1. 듣기

part 1

> **설명:** 1번부터 12번까지 문제에서는 한 사람이 질문을 하면 다른 한 사람이 ABC 세 종류의 대답을 듣게 됩니다. 가장 적당한 답을 고르십시오. 문제와 대답은 문제지에 나와 있지 않으며 모두 한 번씩만 들려드립니다.
>
> 예: 문제 5번: 당신은 한 사람이 "안녕하세요? 어느 분을 찾으십니까?" 라고 물으면 다른 한 사람이
>
> > A. 王经理 B. 我去找他。 C. 请您问吧。
>
> 라고 대답하는 내용을 듣게 됩니다. 가장 적절한 정답은 A.王经理입니다. 답안지의 [A]에 정답을 표시하십시오.

1. 정답: B
남: 전시회가 얼마 동안 열립니까?
여: A. 내일에야 끝납니다.
　 B. 일주일입니다.
　 C. 다음 주 월요일에 열립니다.
　문제에서 多长时间이 묻는 것은 시간 단위이다. 따라서 B가 정답이며, 일주일이라는 시간 단위를 설명해주고 있다. A'내일에야 끝난다' 와 C'다음 주 월요일에 열린다'는 모두 시점을 나타내므로 질문에 적합한 답이 아니다.

2. 정답: B
여: 당신의 회사 규모가 큽니까?
남: A. 고객도 많고 업무량도 많습니다.
　 B. 회사는 작지만 업무 실적이 좋습니다.
　 C. 우리는 해외에서 많은 물건을 수입합니다.
　회사의 규모를 묻고 있다. B'小公司'는 회사의 규모에 대한 내용이고, 业绩很好는 회사 규모가 작다는 사실의 부정적 영향을 상쇄시켜 주는 중요한 역할을 하고 있기 때문에 적절한 답이다. 그러나 A의 고객과 업무량이 많다는 것과 C'우리는 해외에서 많은 물건을 수입한다' 는 모두 회사의 규모에 대한 대답이 아니다.

3. 정답: C
남: 실례합니다, 인사부가 어디입니까?
여: A. 죄송합니다, 이사장님은 안계십니다.
　 B. 저희는 현재 인사채용을 하지 않습니다.
　 C. 오른쪽으로 돌면, 재무부 맞은편에 있습니다.
　在哪儿? 이 묻는 것은 장소이므로 이 장소의 위치나 어떻게 갈 수 있는지를 대답해야 한다. 따라서 C가 정답이다. A는 어떤 이가 여기에 있는지 여부를 물었을 때의 대답이고 B는 인사채용을 하는지 물었을 때의 대답이므로 모두 문제에 알맞은 대답이 아니다.

4. 정답: A
여: 다른 제조업자들이 모두 가격을 인하하고 있는데, 우리도 가격을 인하해야 하지 않을까요?
남: A. 좀 더 기다리면서 상황을 지켜본 다음 다시 상의합시다.
　 B. 저는 바겐세일을 좋아합니다, 저렴한 물건을 살 수 있기 때문입니다.
　 C. 가격인하는 원래 가격을 낮추는 것입니다.
　우리가 가격을 내릴 필요가 있는지 묻고 있으므로, 가격을 인하해야 한다 혹은 말아야 한다고 대답해야 한다. 따라서 A'좀 더 기다립시다'는 문제의 의도에 맞는 대답이다. 그러나 B는 고객 개인의 상황을 말하고 있기 때문에 공급자로서 제품의 가격을 인하할 것인지를 묻는 문제의 의도에 맞지 않는다. C는 가격인하가 무엇인지에 대한 설명이므로 질문에 맞는 대답이라 할 수 없다.

5. 정답: C
남: 장 회장님과 협상이 잘 되었나요?
여: A. 그의 보고서가 흥미로웠습니다.
　 B. 장 회장님은 농담을 아주 좋아하십니다.
　 C. 조금도 양보하려 들지 않으셨습니다.
　문제가 묻는 것은 张회장님과의 협상 결과이다. A는 보고서의 내용이 어땠는지, B는 张회장님 개인의 특징에 대한 대답이므로 쌍방이 협상한 결과와 거리가 멀다. 따라서 정답이라 할 수 없다. C는 张회장님이 여전히 조

금도 양보하려 들지 않으셨다는 협상의 결과
를 말하고 있으므로 정답이다.

6. 정답: B

여: 고객 대신 호텔을 예약해주십시오,
　　비용은 저희가 지불하겠습니다.

남: A. 고객은 왕입니다.

　　B. 좋습니다, 곧 처리하겠습니다.

　　C. 그렇게 많은 돈을 들일만한 가치가 없습
　　　니다.

　상대방이 고객 대신 호텔을 예약해줄 것을
요구하고 있으므로 정답은 곧바로 처리하겠다
고 대답한 B가 되어야 한다. A'고객이 왕입니
다'는 이미 화자의 의도를 알았다는 것을 의
미하지만 곧바로 처리할 것인지는 명확하게
말하지 않았고, C도 자신들이 비용을 지불하
는 것에 반대하면서 이치에 대해 말하고 있지
만 곧바로 처리할 지는 명확하게 밝히지 않았
으므로 A와 C 모두 정답이 될 수 없다.

7. 정답: B

여: 우리는 경력자가 필요합니다.

남: A. 이것은 방금 작성한 저의 이력서입니다.

　　B. 저는 3년 동안 일한 경험이 있습니다.

　　C. 반드시 열심히 일하겠습니다.

　문제는 경험 있는 직원 채용을 요구하고 있
다. B'做过三年'이면 당연히 일한 경험이 있는
것이므로 조건에 맞는 정답이다. A와 C는 경
험이 있는지 여부에 대한 대답이 아니므로 정
답이 될 수 없다.

8. 정답: C

남: 우리 광고가 TV에 나왔나요?

여: A. 맞습니다, TV광고의 영향력은 대단합니
　　　다.

　　B. TV광고비용이 너무 비쌉니다.

　　C. 아직 아닙니다, 다음 주까지 기다려야 합
　　　니다.

　방송을 했는지 여부를 묻고 있다. C는 아직
아니라고 분명히 대답한 뒤 다음 주까지 기다
려야 한다고 상대방이 관심을 가지고 있는 중
요한 정보를 덧붙였다. 따라서 C는 정답이 될
수 있다. A'TV광고의 영향력은 대단하다'나

B'TV 광고비용이 너무 비싸다'는 TV광고를
할 것인가에 대한 대답이다. 그러나 지금 묻
고 있는 것은 방송을 했는지 여부이므로 A와
B는 질문에 대한 답이 될 수 없다.

9. 정답: A

여: 이 신발의 도매가격은 얼마 입니까?

남: A. 비싸지 않습니다. 가격 흥정이 가능합니
　　　다.

　　B. 이 신발을 사는 사람이 가장 많습니다.

　　C. 우리는 대량으로 상품을 사들입니다.

　批发价是多少？는 가격을 묻는 것이지만 B'
이 신발을 사는 사람이 가장 많다', C'대량으
로 상품을 사들인다' 는 모두 문제의 핵심인
가격에 대해 언급하지 않았으므로 동문서답이
다. A는 가격을 언급했지만 명확하게
도매가격이 얼마인지는 말하지 않고 비싸지
않다고 모호하게 대답하고 있다. 겉으로
보기에는 직접적으로 대답하지 않은 것 같지
만, 사실상 이는 비즈니스 할 때 자주 볼 수
있는 효과적인 거래 방식이다. 가격을 묻는
것은 가격을 협상 즉, 흥정하기 위한 것이며,
비싸지 않다고 대답한 것은 가격협상을 통해
거래가 성사될 수 있다는 가능성을 시사한다.
또한 价格好商量(가격흥정이 가능합니다)이 가
격흥정을 환영함을 더욱 분명하게 전달해주고
있다. 따라서 A는 정답이다.

10. 정답: B

남: 이 브랜드의 여성 핸드백이 아직 있나요?

여: A. 명품이라 아주 비쌉니다.

　　B. 방금 판매완료 되었습니다. 내일 상품이
　　　입하될 것입니다.

　　C. 이것은 좋은 브랜드도 아닙니다.

　이 핸드백이 있는지를 묻고 있으므로 질문
하는 사람의 의도는 사고 싶다는 것이다. A는
있는지 없는지는 명확하게 말하지 않았지만
'이것은 명품입니다'라고 말해 자신의 제품을
칭찬하면서 '있다'는 것을 암시했다. 하지만
바로 이어서 '매우 비싸다'고 말한 것은 고객
을 업신여기는 태도를 나타내므로 적절하지
않다. C'이것은 좋은 브랜드도 아니다'는 스스
로 상품의 가치를 떨어뜨리는 것이므로 상황

에 맞지 않는다. 그러므로 A와 C는 모두 적절한 될 수 없다. B'방금 판매완료 되었다'는 지금 상품이 없다는 것을 의미하지만, '내일 상품이 들어온다'는 중요한 정보를 덧붙였기 때문에 고객이 내일 다시 와 줄 것을 바라는 적극적인 뜻을 시사하고 있다. 따라서 B가 정답이다.

11. 정답: B
여: 또 직장을 옮겼다면서요?
남: A. 제가 가장 좋아하는 것이 직장을 옮기는 것입니다.
　　B. 옮기지 않을 수가 없죠, 보수가 너무 적었거든요.
　　C. 처음 직장을 옮기는 터라 걱정됩니다.
　　질문은 대답하는 사람이 또 직장을 옮겼는지 여부를 확실히 밝혀주길 바라고 있다. C의 '처음' 이직을 하는 것은 '또' 이직을 하는 것인지 묻는 화자의 의도에 맞지 않는다. A가 자신이 제일 좋아하는 것이 이직하는 것이라고 말하는 것도 이직을 했다는 사실을 암시하고 있기는 하지만 적당한 대답은 아니다. B는 이직을 하지 않으면 안 된다고 말해 질문의 요지에 맞는 대답이라 할 수 있으며, '보수가 너무 낮았다'는 어쩔 수 없이 이직해야만 하는 이유까지 덧붙여 사람들의 이해를 돕고 공감하도록 하였다.

12. 정답: A
남: 이번 거래가 성사되지 않았다면서요?
여: A. 누가 그러던가요?
　　B. 저는 협상 결과를 알고 싶습니다.
　　C. 老王이 알려준 것입니다.
　　질문하는 사람은 '이 거래가 성사되지 않았다'는 사실을 확인하고 싶어 한다. A가 '누가 그러던가요?'라고 물은 것은 '이 거래가 성사되지 않았다'는 것을 시인한다는 뜻이다. A는 조건을 충족시켜주므로 적절한 대답이다. B'저는 협상 결과를 알고 싶습니다'는 B가 '이 거래가 성사되지 않았는지' 여부를 알지 못한다는 뜻이다. 이처럼 대답하는 것은 질문하는 사람이 '이번 거래가 성사되지 않았다면서요?'라고 묻기 전이라면 문제가 없다. 하지만 질

문을 한 뒤 이렇게 말하려면 '也 (~도)'가 빠져서는 안 된다. 즉, '我也很想知道谈的结果 (저도 협상결과를 알고 싶습니다)'라고 말해야 한다. 그러나 설사 이렇게 말한다 할지라도 질문에 맞는 정확한 대답은 될 수 없다. C'老王이 알려준 것입니다'는 이 거래가 성사되지 않았다는 뜻을 내포하고 있다. 이러한 각도에서 볼 때 C 역시 정답이 될 수 있다. 그러나 C는 '누가 당신에게 이번 거래가 성사되지 않았음을 알려주었나요?'라고 질문했을 때 더 적절한 대답이다. 이 문제에서 질문하는 사람은 '이 거래가 성사되지 않았다면서요?'라고 했으므로 정확한 대답은 '老王告诉我了。(我已经知道了，这是真的。)'老王이 저에게 알려주었습니다 (그래서 저는 이미 알고 있습니다. 모두 사실입니다.)가 되어야 한다. 따라서 C도 B처럼 가장 적절한 정답이 되지는 못한다.

Part 2

13. 회사의 매출 상황과 관련하여 아래의 그림 중 어떤 것이 맞는가? 정답: A
남: 6월부터 9월까지 회사의 매출 변동이 비교적 큽니다.

여: 그렇습니다. 6월부터 7월까지 약간 떨어지다가, 8월에 대폭 상승하여 가장 높은 기록을 세웠지만 9월 들어 다시 떨어졌습니다.

남: 심지어 올해 월별 매출의 최저치로 떨어졌습니다.

'6월에서 7월까지 약간 떨어졌다'는 점을 고려할 때 D는 정답이 될 수 없다. '8월에 대폭 상승하여 가장 높은 기록을 세웠다'를 통해 C가 정답이 아님을 알 수 있다. '9월에 다시 떨어졌다', '올해 월별 매출의 최저치로 떨어졌다'고 했으므로 B도 정답이 될 수 없다. 따라서 A만이 적절한 정답이다.

14. 다음 중 어느 곡선이 상품의 실제 시장판매상황을 반영하고 있는가? 정답: C

남: 이 건강식품은 중년층과 노년층을 겨냥하여 만들어진 것입니다. 50~70세의 사람들이 소비 주체여야 합니다.

여: 하지만 시장 조사 결과 20~50세, 특히 30~39세의 소비자들이 많이 구매하는 것으로 나타났습니다.

남: 이 현상을 잘 연구해봅시다.

50~70세의 사람들이 소비 주체여야 하므로 A와 같은 결과가 나타나야 하지만, 문제에서 묻고 있는 것은 '시장의 실제 판매상황'이다. 시장조사에 따르면, 20~50세의 사람들이 더 많이 구매하는 것으로 나타났다. 그러므로 A와 B는 정답이 될 수 없다. 특히 30~39세의 소비자들이 많이 구매한다고 했으므로 C가 정답이다.

15. 어떤 가방이 잘 팔립니까? 정답: C

남: 현재 어떤 디자인의 여성 가방 판매가 잘 됩니까?

여: 사선 무늬가 있는 가방입니다.

남: 가방 끈이 짧아서 손으로 들 수만 있는 디자인입니까?

여: 뒤로 멜 수 있는 가방이 손으로 드는 가방보다 더 잘 팔립니다.

문제는 '어떤 가방이 잘 팔리는지' 묻고 있다. 여자가 '사선 무늬'의 가방이 잘 팔린다고 했으므로 B와 D는 정답이 아니라는 사실을

알 수 있다. 사선 무늬의 가방은 끈이 긴 것과 끈이 짧은 것 두 종류가 있다. 뒤로 멜 수 있는 가방이 손으로 드는 가방보다 더 잘 팔린다고 했는데 뒤로 메는 가방이 끈이 긴 가방에 해당하므로, 정답은 C가 된다.

16. 영업부의 직원들은 어디에 앉습니까?
정답: B

남: 오늘 회의 때 인사부와 영업부의 직원들이 칠판과 가까운 중간의 두 줄에 앉도록 자리를 배치하십시오.

여: 인사부에서 먼저 보고합니까?

남: 네, 인사부장이 칠판에서 가까운 그 자리에 앉도록 하십시오. 그 옆에는 영업부장이 앉도록 합니다. 또 다른 중간 두 자리는 부회장님과 부회장님 비서가 앉도록 합니다.

여: 알겠습니다, 잘 배치하겠습니다.

인사부장은 칠판이 가까운 자리, 즉 A에 앉아야 하며, 영업부장은 그 옆자리인 B에 앉아야 한다. 다른 자리는 문제와 무관하다.

17. 어느 것이 그들이 광고를 하려는 포스터인가? 정답: C

남: 광고 포스터는 그림을 최대한 많이 사용하고 글자를 적게 사용하십시오. 시각적으로 주목을 끄는 것이 중요합니다.

여: 하지만 그림의 크기에 한계가 있기 때문에, 저는 작은 그림을 많이 넣는 것보다 큰 그림을 넣은 것이 낫다고 생각합니다.

남: 큰 그림도 최대한 많이 사용하세요.

여: 알겠습니다. 그럼 글자는 세로로 배치할까요, 가로로 배치할까요?

남: 아무래도 좋습니다, 편하게 가로로 배치합시다.

여자는 작은 그림을 많이 넣는 것보다 큰 그림을 넣은 것이 낫다고 했으므로 B는 정답이 아니다. 큰 그림도 최대한 많이 사용하라고 했으므로 A 역시 정답이 아니다. 글자를 가로로 배치해야 하므로 D 역시 정답이 될 수 없다. 따라서 C만 상황에 맞는 정답이 된다.

18. 그들은 휴가를 어떻게 보내게 되겠는가?
정답: D

남: 회사 휴가에 대해 어떻게 생각하십니까?

여: 저는 너무 멀리 가고 싶지 않습니다. 저희 집 근처에 공방이 있어요. 공방에서 도자기를 만드는 것이 좋을 것 같습니다.

남: 저는 별로입니다. 스키 타러 가는 것이 낫겠는데요. 흥미진진하지 않습니까.

여: 하지만 스키는 좀 위험하고, 또 저는 스키 탈 줄 모릅니다.

남: 조용하고 안전한 것을 원하시니, 교외로 나가서 낚시를 하는 것은 어떻습니까?

여: 생각해볼 만한데요.

두 사람이 상의한 결과 공방에 갈지, 스키장에 갈지에 관해서는 의견 일치를 보지 못했다. 하지만 남자가 교외에 낚시 하러 가는 것은 어떻겠느냐고 제안했을 때는 여자가 '생각해 볼만 하다'고 했으므로 기본적으로 의견 일치를 본 것이다. 따라서 D가 정답이다.

19. 누가 새로 온 프로그래머입니까?
정답: B

남: 새로 온 프로그래머를 본 적이 있습니까?

여: 그가 어떻게 생겼나요?

남: 큼지막한 안경을 썼고 스포츠머리를 했습니다.

여: 오늘도 우산을 가지고 왔던 그 분인가요?

남: 그는 영국에서 오래 살아서 (우산을 가지고 다니는 게) 습관이 됐습니다.

새로 온 프로그래머는 3가지 특징을 가지고 있다. 첫째, 안경을 썼으므로 A와 C는 정답이 아니다. 둘째, 짧은 스포츠머리를 했으므로 D도 틀렸다. 셋째, 우산을 들고 있으므로 B가 정답이다.

20. 수정한 포스터는 어떤 것입니까?
정답: A

여: 포스터 좀 봐주시겠어요? 맨 위에 음악회 제목이 있고, 중간에는 장소와 지도를 배치했습니다. 아래에는 피아노 그림을 넣었습니다.

남: 피아노가 두드러져야 하니까 음악회 제목 아래에 배치해야 합니다. 지도는 구석에 배치해도 괜찮습니다.

여: 미안합니다. 저는 아직 잘 이해하지 못했습니다. 음악회 명칭 아래에 배치하라는

말씀은 포스터의 중간에 넣으란 말씀이신가요, 아니면 배경으로 넣으라는 말씀이신가요?

남: 중간에 배치하는 게 좋겠습니다.

여: 그럼 저는 그렇게 수정하도록 하겠습니다.

문제에서 명칭, 지도, 피아노 그림 등 여러 가지 요소가 등장했는데 수정의 핵심은 피아노의 위치를 포스터의 중간으로 바꾸는 것이다. 따라서 정답은 A이다.

21. 다음 중 어느 것이 옳은가?
정답: D

여: 오늘 회의에 저는 좀 늦게 도착할 것 같습니다.

남: 별로 좋은 생각 같지 않은데요. 오늘은 회장님도 오시지 않습니까.

여: 그렇지만 저희 남편이 아파서 병원에 가봐야 합니다.

이런 유형의 문제는 지문의 내용을 들은 후 상황을 이해해야 풀 수 있다. 대화 내용을 들을 때 보기 네 개와 비교해보자. 여자는 오늘 회의에 참석할 수 없다는 것이 아니라, '회의에 좀 늦게 도착할 것 같다'고 했으므로 A는 정답에서 제외된다. 我那口子, 즉 남편이 병이 났다고 했으므로 D가 정답이다. '저는 병원에 가봐야 합니다'는 남편 때문에 병원에 간다는 것이지 구강질환 때문에 병원에 가는 것이 아니다. 그러므로 B 역시 정답에서 제외된다. 남자는 오늘 회의는 회장도 참석하기로 되어 있기 때문에 여자가 늦는 것이 별로 좋지 않다고 생각한다. 따라서 C '남자는 괜찮다고 생각한다'는 정답이 될 수 없다.

22. 여자는 은행의 금리조정에 대해 어떤 태도를 보이는가? 정답: D

남: 최근 은행 금리조정에 대해 어떻게 생각하십니까?

여: 저는 은행에서 대출하지도 않았고 예금한 돈도 많지 않으니 금리를 조정해도 상관없습니다.

남: 아주 여유로운 삶을 살고 계시는군요.

여자는 은행의 금리조정에 대해 A '찬성'하고 있지도 않고, B '반대'하고 있지도 않다. 조

정하고 싶으면 조정하라, 즉 D'상관없다'는 태도를 보이고 있다. 여자는 은행에서 대출 받지도 않았고 예금한 돈도 많지 않으므로 C'어쩔 도리가 없는' 난처한 상황도 아니다. 따라서 C 역시 정답이 될 수 없다.

23. 여자가 회사를 떠나는 이유는 무엇인가?
　　　정답: D
남: 당신이 회사를 떠나는 이유가 급여 때문인가요?
여: 완전히 돈 때문인 것도 아니고, 대인관계도 비교적 중요한 이유입니다.
남: 사장님이나 동료 직원과의 관계가 원만하지 않나요?
여: 위아래로 모두들 융통성이 너무 결여되어 있어요.

　'완전히 돈 때문인 것은 아니다'라는 말은 돈 문제는 여러 가지 원인 중 하나일 뿐이라는 뜻이다. '위아래'는 사장과 동료를 모두 가리키는 것으로, 대화 내용을 통해 이들과의 관계가 좋지 않다는 것을 알 수 있다. 따라서 정답은 A, B, C를 모두 포함하고 있는 D이다.

24. 그들은 새 동료를 어떻게 생각하는가?
　　　정답: B
여: 새로 온 직원 '정말 열심히' 일하는군요.
남: 맞아요, 그래서 우리도 정시에 퇴근하지 못하게 됐어요.
여: 제일 즐거운 사람은 사장님일 거예요. 전 직원이 죽을힘을 다해 열심히 일하고 있으니까요.
남: 이게 바로 소위 말하는 '타의 모범' 효과죠!

　'정말 열심히 일한다'와 '타의 모범'은 반어적 표현으로 빈정대는 의미를 띄고 있다. 동료들은 새로 온 직원을 진짜 모범적인 사람으로 생각하지 않는다. 따라서 동료들이 그를 싫어한다는 것을 알 수 있으므로 A, C는 정답이 될 수 없다. 대화에서 '우리도 정시에 퇴근할 수 없게 되었다'고 했으므로 D'그가 매일 정시에 퇴근한다'는 사실이 아니다.

25. 두 사람은 어떤 관계인가?　정답: A

남: 우리의 성공적인 첫 협력을 위해 건배합시다!
여: '시작이 반이다'라는 말이 있습니다. 다같이 계속 열심히 노력해서 더 많은 협력기회를 만들어 나가길 바랍니다.
남: 그러기 위해서 귀사의 많은 지도편달 부탁 드립니다.
여: 아닙니다, 서로 도와야지요.

　'성공적인 첫 협력'이라는 말을 통해 두 회사 간 비즈니스에 관한 내용임을 짐작할 수 있다. 貴公司(귀사)는 상대방 회사에 대한 존칭이다. 이를 통해 대화를 하는 사람들은 같은 회사 직원이 아니라는 것을 알 수 있다. A '두 회사의 대표'가 적절한 답이다. B, C는 같은 회사 사람들을 가리키므로 정답이 될 수 없다. 대화에서 여자는 상사가 부하직원에게 말하는 듯 한 어조로 '서로 도와야 한다'고 말했다. 하지만 이를 통해서 대기업이 중소기업을 대하는 태도를 엿볼 수 있을 뿐, 두 사람의 관계가 D손윗사람과 손아랫사람의 관계라고는 말할 수 없다.

26. 이번 협상이 어떻게 진행될 것인가?
　　　정답: C
남: 먼저 특허 문제를 논의하는 거죠?
여: 제 생각에는 특허 문제를 맨 마지막에 이야기하는 것이 좋겠습니다. 이 문제가 가장 시급하니까요.
남: 일리가 있습니다. 그러면 반(反) 저작권 침해 분야의 협력부터 이야기해 봅시다.
여: 협력에 대해 논의하기 전에 반드시 이 부분에서 우리의 공동 이익 관계에 대해 먼저 강조해야 합니다.

　여자는 특허문제를 가장 마지막에 논의하자고 제안했고 남자는 그게 좋겠다고 생각했다. 따라서 A, B는 정답이 될 수 없다. 여자가 협력에 대해 논의하기 전에 반드시 이 분야에서의 양측의 공동이익문제를 먼저 분명히 했으므로 정답은 D가 아닌 C가 되어야 한다.

27. 남자는 맨 처음 어디서 근무했는가?
　　　정답: B
남: 당신은 어디에서 근무하십니까?

여: 저는 은행에서 일합니다. 당신은요?

남: 저는 맨 처음에는 당신과 같았지만, 나중에 두 차례 직장을 옮겼습니다.

여: 어떤 일을 하셨었나요?

남: 의약회사와 외자무역회사에서 근무했습니다. 그러나 지금은 둘 다 그만 두었습니다.

여자는 은행에서 근무한다. 남자는 '저도 처음에는 당신과 같은 업종에 종사했어요'라고 했으므로 B는 정답이다. 남자는 나중에 의약회사와 외자무역회사에서 근무한 바 있다. 따라서 C, D는 남자가 처음 근무했던 곳이 아니다.

28. 그들이 최종 협상에 성공한 가격은 얼마인가? 정답: D

남: 100만 위안을 제시하셨는데, 제 생각에는 가격 면에서 특별한 경쟁력이 없는 것 같군요.

여: 그렇지만, 우리는 대기업입니다. 품질은 확실히 보장합니다. 당신이 제시 한 80만 위안은 너무 적습니다.

남: 그러면 서로 양보해서 90만 위안 어떻습니까?

여: 됐습니다, 더 이상 얘기할 필요 없습니다. 처음 협력하는 것이니 처음 제시한 가격에서 5% 할인해드리겠습니다.

남: 그럼 거래를 성사시킵시다!

여자가 100만 위안을 제시했고 마지막에 5% 할인해주겠다고 했다. 남자가 이에 동의했기 때문에 D'95만 위안'이 성사된 거래 가격이다. A'100만 위안'은 거래 가격이 아니라 처음 제시 가격이고, B'80만 위안', C'90만 위안'은 협상 과정에서 제시된 가격이므로 모두 합의한 가격이 아니다.

29. 여자가 바로 보내야 하는 것은 어떤 종이인가? 정답: C

남: 저희가 받은 물건은 저희가 주문한 것이 아닌 것 같은데요.

여: 제가 확인해보겠습니다. 귀사가 주문한 것은 A4용지 5,000장입니까?

남: 맞아요, A4입니다. 하지만 저희가 받은 것은 A3였습니다.

여: 아, 죄송합니다. 저희가 교환해 드리겠습니다.

남: 그러면 B3 5,000장도 함께 보내주십시오.

남자가 예약한 것은 A4용지인데 배달이 잘못되었다. 지금 B3를 더 주문했으므로 여자는 두 가지 종이를 보내야 한다. 따라서 정답은 C자 된다. B, D는 모두 요구 조건을 만족시키지 못하며, A는 원래 주문한 것이다. 따라서 A, B, D 모두 정답이 아니다.

30. 그 자료를 어떻게 张先生에게 전달해야 하는가? 정답: D

남: 小李, 최대한 빨리 그 자료를 다홍(达宏)의 张先生께 드리세요.

여: 알겠습니다. 퀵서비스를 이용하겠습니다.

남: 몇 글자 되지 않으니 E-mail이나 팩스로 보내세요.

여: 아, 제가 잘못 알았군요. 저는 이게 시장조사 보고서인 줄 알았습니다.

남: 판매에 관한 자료입니다. 팩스로 보내세요, 그게 가장 편하겠네요.

팩스가 비교적 편하기 때문에 남자의 마지막 건의에 따라 여자는 팩스를 보냈다. 따라서 D가 정답이다. B'E-mail로 발송한다', C'퀵서비스 회사를 이용한다'는 대화에서 언급한 적은 있지만 거절당한 제안이므로 정답이 될 수 없다. A'자신이 직접 전달한다'는 언급되지 않은 내용이다.

31. 이번 연수에 관해 다음 중 어떤 내용이 잘못 되었는가? 정답: A

남: 회사 연수프로그램이 또 시작되었군요.

여: 어느 연수원에서 하나요?

남: 원래 하던 곳이에요. (이번에도) 개인이 비용을 지불할 필요가 없어요, 모든 비용은 회사에서 부담합니다.

여: 예전과 같군요. 연수 가고 싶은 사람은 다 갈 수 있는 건가요?

남: 지난 번 경험을 참고해서 이번엔 인원수를 제한하기로 했습니다. 12명씩 중, 고급 두 개 반만 엽니다. 신청하려면 빨리 하세요.

B, C, D 모두 맞는 내용이지만 질문에 부합

하지는 않는다. '인원수를 제한한다', '신청하려면 빨리 신청하라'는 것은 A'가고 싶은 사람은 모두 갈 수 있다'와 다르므로 A는 사실이 아니다. 그러므로 A를 선택해야 한다.

32. 남자가 예약한 것은 어떤 방인가?
　　정답: B
여: 안녕하세요? Holiday 여관 프론트입니다.
남: 저는 이코노미 싱글 룸을 예약하려고 합니다. 날짜는 12월 23일입니다.
여: 죄송하지만 23일의 싱글 룸은 모두 예약 완료되었습니다. 다른 방을 고려해보시겠습니까?
남: 가격이 어떻게 되나요?
여: 디럭스 싱글 룸은 250위안이고, 스탠더드(트윈 룸)은 280위안이며, 디럭스 트윈 룸은 500위안입니다.
남: 그럼 그냥 싱글 룸으로 하겠습니다.
여: 성함이 어떻게 되십니까? ……
　'싱글 룸이 좋겠네요'를 통해서 C'스탠더드 룸', D'디럭스 트윈 룸'은 생각하지 않고 있다는 것을 알 수 있다. 여자는 '23일 이코노미 싱글 룸은 모두 예약되었습니다'라고 말했으므로 A도 정답이 될 수 없다. B만 조건을 만족하므로 정답은 B이다.

Part 3

이 세 문제는 다음 비즈니스 협상에 관한 것입니다.
남: 이 음료의 맛이 어떤가요?
여: 정말 좋군요. 향이 독특한 것이, 유명 제품과 견줄 만 하겠는데요. 다만 가격이……
남: 싼 게 비지떡이지 않습니까! 우리 상품은 올해 제 1회 전국 우수 식품 음료 엑스포에서 금상을 받았어요. 최근에는 농업부

가 저희 제품을 그린식품으로 선정하기도 했습니다. 심장 혈액과 눈을 맑게 하고 폐를 편안하게 하고 기침을 멎게 하며 혈액 지질 함량을 낮춘다는 사실이 과학적으로 검증된 자양강장 음료입니다. 판매가 잘 되고 있어요.
여: 귀사의 제품이 나무랄 데 없다는 사실을 인정합니다. 다만 이 가격이면 저희는 이윤이 남지 않아요.
남: 예약주문량이 100상자를 넘으면 가격을 10% 인하 해드리겠습니다. 얼마나 주문하시겠습니까?
여: 150상자를 주문한다면 최대 얼마나 할인 해주실 수 있나요?
남: 이렇게 합시다. 200상자 이상 주문하시면, 향후 협력을 위해 저희가 12% 싸게 드리겠습니다. 어떻습니까?
여: 이렇게 시원시원하시니 제가 더 할 말이 없겠는데요. 내일 제가 수표를 가지고 오겠습니다.
남: 좋습니다. 모레 저희가 물건을 보내겠습니다.

33-35
33. 여자는 음료를 어떻게 생각하는가?
34. 남자가 이 음료의 장점을 소개할 때 다음 중 어떤 내용을 언급하지 않았나?
35. 거래량은 얼마나 되겠는가?

33. 정답: C
　여자가 '정말 좋군요'라고 했으므로 A'그저 그렇다'는 사실이 아니다. '향이 독특한 것이, 유명 제품과 견줄 만하겠는데요'라고 했으므로 B'향이 진하다', D'유명 제품이다'는 적절하지 않다. 여자가 '다만 가격이……'라고 말한 뒤 주로 가격에 대해 논의했다. 따라서 C(여자가 생각하기에) 가격이 좀 비싸다가 정답이다. 먼저 이 음료가 좋다는 것을 인정하고 그 다음에 '다만 가격이……'라고 전환의 의미가 담긴 말을 꺼냈으므로, 가격에 불만이 있

다는 것을 알 수 있다. 말을 끝맺지는 않았지만 그 의미, 즉 C'가격이 비싼 게 불만이다'라는 뜻은 분명하게 전달되었기 때문이다. 향기가 독특하다는 것은 향이 진하다는 것과 완전히 같은 뜻은 아니다. 또, 유명 제품과 견줄 만 하다는 것이 유명 제품이라는 의미는 아니다.

34. 정답: A

남자는 제품을 소개할 때 B'자양강장 음료', C'눈을 맑게 하고 기침을 멎게 한다', D'혈액 지질 함량을 낮춘다' 는 사실을 모두 언급했다. 유일하게 거론하지 않은 것이 A'혈압을 조절한다' 이다. 그러므로 정답은 A가 된다.

35. 정답: C

판매자가 제시한 조건은 예약주문량이 100상자를 넘으면 가격을 10% 인하해주겠다는 것이다. A'50~90상자'는 가격을 인하하지 않아 구매자가 이윤을 남길 수 없다. 따라서 A가 정답이 될 가능성은 낮다. 협상 막바지에 판매자는 200상자 이상 주문하면, 향후 협력을 위해 12% 싼 가격에 제품을 공급하겠다고 약속했고, 구매자는 이에 '이렇게 시원시원하시니 제가 더 할 말이 없겠는데요. 내일 제가 수표를 가지고 오겠습니다' 라고 답변했다. 이로서 협상이 타결된 것이다. 따라서 거래량은 150상자가 아니라 C 200~250상자가 될 것이다. D 500~1,000상자를 주문하면 200상자 이상이므로 12%의 할인 혜택을 누릴 수 있다. 그러나 협상 내용에 따르면, 많이 살수록 가격을 더 많이 할인해주므로 구매자가 500~1,000상자를 주문하면 한 층 더 할인된 가격에 구매할 수 있다. 그러므로 D가 비즈니스 협상에서 제시될 가능성이 적으며 정답이 될 수 없다.

이 네 개의 문제는 다음 인터뷰 내용에 관한 것입니다.

여: 陈선생님, 안녕하세요? 브랜드에 대한 선생님의 견해를 인터뷰하고자 합니다.

남: 좋습니다. 브랜드에 관한 논의는 지금까지도 핫이슈입니다.

여: 저희가 가장 궁금한 것은 선생님께서 브랜드가 무엇이라고 생각하시는가 입니다.

남: 저는 종종 많은 경영인들이 '나는 제대로 잘 했다'라고 말하는 것을 듣곤 합니다. 그들이 가리키는 것은 원료, 디자인, 가공기술 부분에서 잘 했다는 것입니다. 사실 이러한 것들은 브랜드가 아니라, 상품 생산과정의 요소일 뿐입니다. 상품은 브랜드와 같지 않습니다. 브랜드란 가치, 즉 관념적인 가치를 가리킵니다.

여: 좀 더 구체적으로 말씀해주실 수 있을까요?

남: 브랜드는 연상하는 것입니다. 소비자는 상품의 이름(브랜드)을 보고, 상품이 좋을지 나쁠지 연상하게 될 것입니다. 브랜드는 무형의 힘을 가지고 있습니다. 예를 들면, 코카콜라는 전 세계 1/10의 사람들에게 영향을 끼칠 수 있는 브랜드입니다.

여: 그렇다면 브랜드 구축의 핵심은 무엇일까요?

남: 브랜드를 구축하려면 당연히 선진기술, 과학적 관리, 효과적인 홍보가 필요합니다. 그러나 품질이 무엇보다도 중요하며, 가장 기본입니다. 그리고 품질은 상품의 품질과 일련의 서비스를 포함합니다.

여: 중국의 가장 가치 있는 브랜드에는 어떤 것들이 있다고 생각하십니까?

남: 중국에서는 아직 이러한 브랜드를 선정한적이 없었습니다만, 제가 생각할 때는 하이얼(海尔)이 브랜드 구축에 있어서 가장 심혈을 기울였고 또, 가장 잘 한 것 같습니다. 많은 중국의 경영인들은 관념적인 것을 믿지 않습니다. 그러나 저희 하이얼은 처음부터 이 무형의 개념이 이윤을 창출할 수 있을 것이라고 믿었습니다. 하이얼은 원래 기술적으로 우려할 만한 문제점이 없지만, 하이얼의 브랜드는 고객들에게 안정적이고 한결 같으며 긍정적이라는 이미지는를 심어주었습니다. 그래서 많은 소비자들은 하이얼 하면 제일 먼저 '하이얼의 서비스라면 안심할 수 있다'라고 말합니다.

36-39

36. 이 인터뷰의 주제는 무엇인가?

37. 陈先生은 브랜드가 무엇이라고 생각하는가?

38. 브랜드 구축에서 가장 중요한 것은 무엇인가?

39. 陈先生의 신분은 무엇이겠는가?

36. 정답: D

인터뷰하는 사람이 인터뷰를 리드하면서 두 가지 질문을 했다. 첫 번째 질문은 '브랜드가 무엇이라고 생각하십니까?'이고, 두 번째 질문은 '브랜드 구축의 핵심은 무엇입니까'이다. 따라서 정답은 D'브랜드의 의미와 브랜드 구축'이다. A'제품과 브랜드의 관계', B'코카콜라는 세계적인 브랜드이다', C'하이얼은 중국의 유명 브랜드이다'는 지문에서 언급하기는 했지만 인터뷰 주제라고는 할 수 없다.

37. 정답: C

陈先生이 '브랜드란 가치, 즉 관념적인 가치를 가리킵니다…… 브랜드는 연상하는 것입니다…… 브랜드는 무형의 힘을 가지고 있습니다'라고 말한 내용에 따르면 정답은 C'무형의 개념'이다. 陈先生이 '원료, 디자인, 가공기술은 브랜드가 아니라, 상품 생산과정의 요소일 뿐입니다'라고 말한 것에 비추어 볼 때 A'우수한 품질의 원료', B'참신한 디자인', D'선진 기술'은 정답이 아니다.

38. 정답: D

陈先生은 '브랜드를 구축하려면 당연히 선진기술, 과학적 관리, 효과적인 홍보가 필요합니다. 그러나 품질이 무엇보다도 중요하며, 가장 기본입니다. 그리고 품질은 상품의 품질과 일련의 서비스를 포함합니다.'라고 말했다. 이를 통해서 D가 정답임을 알 수 있다.

39. 정답: C

陈先生이 '저희 하이얼이…… 저희 하이얼은……'이라고 말한 것으로 그는 A'코카콜라 영업부의 책임자', B'유명한 마케팅 전문가', D'경험이 풍부한 소비자'가 아니라는 사실을 추론할 수 있다. 陈先生은 C'하이얼(海尔) 영

업부 책임자' 일 가능성이 가장 크다.

이 세 문제는 다음 대화에 관련된 것입니다.

여 : 이 에어컨은 이렇게 많이 고쳤는데도 여전히 잘 듣지 않아요. 반품할 수 있나요?

남 : 죄송합니다, 구매하신지 오래되었기 때문에 수리해드릴 수밖에 없습니다.

여 : 하지만 기계 자체에 문제가 있어서 다시 수리한다고 해도 고쳐질 것 같지 않아요.

남 : 이 기계의 품질에는 문제가 없습니다. 아마도 사용상에 문제가 있는 것 같습니다.

여 : 사용상에 문제가 있다고요? 전원 버튼만 눌러도 망가질 수 있나요?

남 : 매번 저희가 수리해드린 다음에는 멀쩡하지 않았습니까? 고객님께서도 직접 확인하셨고요.

여 : 안돼요, 반품해주세요!

남 : 반품할 수 있는 시기가 이미 지났습니다.

여 : 이렇게 무책임하시면 안되죠.

남 : 고객님이 처음 오셨을 때 이미 보증수리 기간이 지난 뒤였지만 저희는 무료로 부품을 교환해드렸습니다. 저희가 할 수 있는 것은 다 했습니다.

여 : 당신과는 얘기하지 않겠어요, 책임자를 불러주세요.

남 : 저희 측 책임자를 찾으셔도 소용없습니다. 저희는 규정대로 일을 할 뿐 입니다.

여 : 반품해주지 않으면 신고하겠어요.

남 : 신고하실 수도 있지만, 최선책은 저희가 고객님께 수리해드리고 고객님도 이에 만족하시는 겁니다.

40-42

40. 남자의 직장은 무엇이겠는가?

41. 여자는 무엇을 요구하고 있는가?

42. 이 에어컨은 어떠한가?

40. 정답: B

남자는 반품과 수리 등 업무를 담당하는 직원이므로 C'수리담당 기사', D'판매원'은 정답이 아니다. 남자가 '저희 측 책임자와 만나서도 소용없습니다'라고 말한 것을 통해 그가 책임자가 아님을 알 수 있다. 따라서 정답은

B'고객서비스센터의 직원'이다.

41. 정답: A

대화 처음부터 여자는 반품이 가능한지 묻고 있다. 대화에서 여자는 시종일관 반품을 요구하고 있으므로 A'반품'이 정답이다. D'에어컨을 바꾼다'는 정답이 아니다. B'사장을 만나다', C'신고한다'는 모두 반품해달라고 요구하는 과정에서 한 말이므로 정답이 아니다.

42. 정답: D

'에어컨이…… 이렇게 오래되었다'는 말을 통해 A'산지 얼마 되지 않았다'는 사실과 다름을 알 수 있다. 이 에어컨은 이미 여러 차례 고쳤다는 말을 통해 B'문제가 있다는 점을 이제 막 발견했다'도 사실과 다르다는 것을 알 수 있다. '버튼만 눌러도 망가질 수 있나요?'에서 여자의 뜻은 에어컨이 망가진 것과 버튼은 상관이 없다는 것이다. 따라서 C'전원 버튼이 고장 났다'도 근거 없는 말이다. '처음 가지고 오셨을 때…… 무료로 고객님께 부품을 교환해드렸습니다'를 통해서 D'부품을 교환했다'가 맞는다는 사실을 알 수 있다.

Part 4

설명: 43번부터 50번 문제에서는 몇 개의 대화나 강연 내용을 듣게 됩니다. 모든 문제는 한 번씩만 들려드립니다. 방송을 들으면서 빈칸에 숫자나 중국어를 써 넣으십시오.

예: 문제지 나와 있는 王刚의 간략한 상황을 보면, 그 중 연령과 직업란은 비어있고 문제 번호가 적혀있습니다. 당신은 다음 방송 내용을 듣게 됩니다.

남: 저는 王刚입니다. 올해로 (46)24세이며 남방공업대학(南方工业大学)을 졸업했습니다. 전공은 (47)컴퓨터입니다.

46번 문제에 24를, 47번 문제에 计算机(컴퓨터)라고 적으십시오. 답안은 답안지에 작성하십시오. 그럼, 지금부터 43번~50번을 풀겠습니다.

43-44번은 다음 전화내용과 관련된 문제입니다.

전화기록
왕 사장님께
날짜: 2006년 11월 24일
시간: 10:20

발신인: (43)_____
발신 전화번호: 83151800
전화 내용: 한국 천우회사와 체결하게 될 계약서의 일부 조항의 의미가 불분명하여 수정해야 합니다. 약속 시간을 정해 왕 사장님과 (44)_____.

여: (전화벨이 울린다) 안녕하십니까, 신싱(新星) 유한회사 사장실입니다.

남: 王사장님 계십니까?

여: 사장님께서는 회의 중이십니다. 무슨 일이신지요? 제가 대신 알려드리겠습니다.

남: 저희는 톈핑(天平) 법률사무소입니다. 사장님과 귀사와 한국 천우회사가 체결할 계약에 대해 말씀 드리고자 합니다.

여: 계약에 무슨 문제라도 있나요?

남: 일부 조항의 의미가 분명하지 않아서 수정해야겠습니다. 사장님께 최대한 빨리 저희와 직접 만나 상의해서야 한다고 전해주십시오.

여: 전화번호가……

남: 83151800입니다.

여: 83151800요, 알겠습니다, 성함이 어떻게 되시는지요?

남: 제 성은 '장'이고 이름은 용감하다 할 때의 '용'입니다.

여: 알겠습니다, 장변호사님, 제가 최대한 빨리 저희 사장님께 알려드리겠습니다.

43. 정답: 张勇 (张勇律师、张律师)

성은 '장(张)'이고 이름은 용감하다 할 때의 '용(勇)'이라고 했으므로 张勇이나 张勇律师, 张律师라고 해야 한다.

44. 정답: 面谈

'사장님께 최대한 빨리 저희와 직접 '만나 상의하셔야 한다'고 전해주시오'라고 했으므로 정답은 面谈이다.

45-48번은 다음 대화와 관련된 문제입니다.

회의 기록
회의 주제: 각 부서의 업무보고
재무부: 재무제도 개혁방안 초고가 (45)_____

완성 될 것입니다.

영업부: (46)_____의 시장점유 상황 조사
보고서를 다음 주 월요일 사장님께 제출할
예정입니다.

생산부: 새 자동설비라인의 설치가 내일
끝나면 바로 (47)_____, 이번 달 하순에
완성될 것입니다.

인사부: 대학 캠퍼스 (48)_____ 프로젝트
를 실시하고 있습니다. 이미 200여 명의
석사, 대학생들이 응시 신청을 했습니다.

사장: 오늘 회의는 각 부서의 업무보고 진전
상황에 관한 것입니다. 재무부부터 먼
저 말씀하세요.

재무부: 저희는 현재 재무제도의 개혁방안에
관해 연구 중 입니다. 초안은 이번 주
말에 완성될 것입니다.

사장: 좋습니다. 다음 주에 그 부분에 관한 회
의를 열어서 내년까지 실시하도록 하는
방안을 논의해봅시다. 영업부는 어떤가
요?

영업부: 저희는 우리 회사 주력 상품의 시장
점유 상황을 조사하고 있습니다.

사장: 이 조사는 매우 중요합니다. 다음 주 월
요일에 반드시 저에게 시장 설문조사
보고서를 제출하세요. 생산부는 어떻습
니까? 새 자동설비라인을 다음 달 가동
하는데 어려움은 없습니까?

생산부: 지금 순조롭게 진행되고 있습니다. 내
일 설치가 끝나면 바로 성능테스트에
들어가고 이번 달 하순에 가동준비가
완료될 것입니다.

사장: 좋습니다. 조속히 끝나면 좋겠군요. 마
지막으로 인사부에서 말씀해 주시죠.

인사부: 저희는 대학 캠퍼스 채용 사업을 추
진 중입니다.

사장: 상황이 어떻습니까?

인사부: 이미 200여 명의 석사와 대학생이 응
시 신청을 했습니다.

사장: 좋습니다. 인재는 회사 발전의 핵심입니
다. 오늘은 여기까지 합시다. 각 부서가
잘 협조해주시고 끝까지 노력해주시길
바랍니다.

---

45. 정답: 本周末
  '재무제도의 개혁방안…… 초안은 이번 주
말에 완성될 것입니다'라고 했으므로 本周末
가 정답이다.

46. 정답: 主打产品
  '저희는 우리 회사 주력 상품의 시장점유
상황을 조사하고 있습니다'라고 했으므로 主
打产品이 정답이다.

47. 정답: 调试
  '새 자동설비라인…… 내일 설치가 끝나면
바로 성능 테스트에 들어가고 이번 달 하순에
가동준비가 완료될 것입니다'라고 했으므로
调试를 써야 한다.

48. 정답: 招聘
  '저희는 대학 캠퍼스 채용 사업을 추진 중
입니다' 부분을 참조하면 招聘이 정답이다.

49-50번은 다음 연설 내용과 관련 있는 문제입니다.

  지금부터 우리의 최신 제품인 CMAT의 매
출 상황을 되돌아보겠습니다. CMAT는 2000
년에 시장에 출시되어 2001년 판매량이
250,000개에 달하였고, 2002년에는 200,000
개가 더 증가해 450,000개가 되었습니다.
2003년의 매출 상황도 좋은 편이어서
580,000개에 달하였습니다. 2004년의 매출액
은 다소 줄어들어 550,000개를 기록했습니다.

CMAT 매출 상황:
2001년 매출량은 (49)_____건,
2002년에는 200,000건이 늘어났으며,
2003년 매출량은 580,000건에 달했습니다.
2004년 매출량이 다소 떨어져, (50)_____건이
줄어들었습니다.

49. 정답: 250,000 (25万)
  2001년 판매량이 250,000개에 달했다고 했
으므로 250,000 혹은 25万이라고 써야 한다.

50. 정답: 30,000(3万)

 '2003년…… 580,000개에 달하였습니다.
2004년…… 550,000개를 기록했습니다'라고
했으므로 '30,000' 혹은 '3만개' 줄어들었다고
해야 한다.

듣기 평가가 모두 끝났습니다.

모의시험 1회
2. 독해

Part 1

51. 티셔츠 네 벌에서 뚜렷하게 다른 요소는 무엇인가? 정답: C

  A. 브랜드   B. 가격

  C. 무늬와 색상   D. 재질

옷 네 벌의 유일한 차이점은 무늬와 색상이다. 어떤 옷은 검은색 줄무늬가 있고, 어떤 옷은 세로 줄무늬가 있으며, 물방울 무늬의 셔츠, 흰색의 셔츠도 있다. 그러나 그림으로는 A브랜드, B가격, D재질을 구별하기 어렵다.

52. 다음 광고에서 '저희'가 가리키는 것은 무엇인가? 정답: D

> 만족하셨다면 친구 분들에게 소개해주시고, 만족하지 못하셨다면 저희에게 알려주십시오.

  A. 친구   B. 가족

  C. 판매자   D. 구매자

이 광고는 판매자가 소비자에게 말하는 형식으로 되어있다. "만족하지 못하셨다면 저희에게 알려주십시오."에서 저희란 D'판매자'를 가리킨다.

53. 상해 지하철 6,7,8,9호선의 노선 길이가 어떠한가? 정답: A

  A. 6호선과 7호선의 길이가 대체로 비슷하다.

  B. 6호선과 8호선의 길이가 대체로 비슷하다.

  C. 8호선과 9호선의 길이가 대체로 비슷하다.

  D. 4가지 노선이 모두 비슷하다.

모든 노선이 각각 몇 호선인지 분명히 알아야 하며, 그 다음 대략적인 길이를 파악해야 한다. 정답은 A이다.

54.

신간 도서 소개

이 책은 다년간에 걸친 푸단(复旦)대학, 난징(南京)대학, 저장(浙江)대학, 상하이교통(上海交通)대학 등 관련 전공분야의 다년간에 걸친 교육경험이 고스란히 담긴 도서로서, 이 분야의 저명한 박사 지도교수 및 상경계 전문가가 저술하였다. 200여 개 대학 학부와 MBA 교육과정에 사용되는 동안 계속 수정 및 재출간되어, 많은 대학기관이 가장 선호하는 교재가 되었다.

54. 이 교재의 이름은 무엇이겠는가? 정답: D

  A. 대학어문   B. 신개념 영어

  C. 컴퓨터 응용   D. 경영학 원리

'상경계 전문가 저술', 'MBA학위반 채택' 등에 비춰어볼 때 이 대학교재는 D'경영학 원리'다.

55.

긴급통지

10월 15일(수요일) 오전 10:00 2층 대회의실에서 열기로 했던 각 부서 매니저 회의를 사정상 연기하게 되었습니다. 차후 일정을 다시 공고하겠습니다.

총매니저사무실
2006년 10월 13일

55. 무엇을 바꾸려는 긴급통지인가? 정답: B

  A. 회의 장소   B. 회의 시간

  C. 회의 내용   D. 참석 대상

'사정상 연기하게 되었다'는 것으로 시간을 바꼈다는 사실을 알 수 있다. 따라서 B를 선택해야 한다.

56.

구인광고

저희 회사는 업무상 필요에 의해 중간 관리 임원을 공개 모집합니다. 지원 자격은 다음과 같습니다.

1. 기업경영 및 관련 전공 석사 이상의 학위 취득자
2. ISO 9000 품질인증 등 업무 경력자
3. IT업계 시장 및 컴퓨터 관련 지식 보유자
4. 연령: 30세~50세

> 5. 상하이시 상주호적 보유자 우대
>
> 연락 가능 전화: 65193567
> 담당자: 李先生, 姚小姐

56. 응시자는 어떤 조건을 반드시 갖춰야 하는가? 정답: A

A. 고학력　　　　B. 외국어 구사 능력

C. 상해 호적　　　D. 남성

구인공고에 외국어에 능해야 한다거나 남성이어야 한다는 것은 나와있지 않다. 따라서 B와 D는 적절한 답이 아니다. '상하이시 상주호적 보유자 우대'에서 '우대'는 반드시 갖춰야 하는 조건이 아니므로 C도 적절한 선택이 될 수 없다. '석사 이상의 학위를 가지고 있어야'는 A의 '고학력'을 의미한다.

57-58

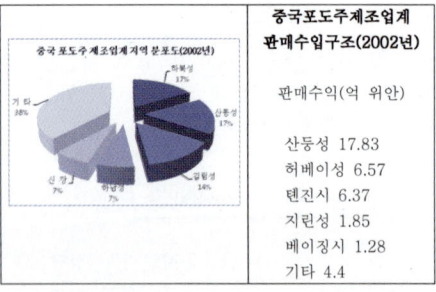

중국포도주제조업계 판매수입구조(2002년)
판매수익(억 위안)
산둥성 17.83
허베이성 6.57
톈진시 6.37
지린성 1.85
베이징시 1.28
기타 4.4

57. 중국 포도주 제조업계 지역 분포도(2002년)에서, 각 성이 차지하는 비중은:

정답 C

A. 허베이성과 지린성이 같다.

B. 산둥성은 신쟝의 2배이다.

C. 산둥성, 지린성, 허난성 순서로 작아진다.

D. 허난성의 비중이 신쟝보다 크다.

도표에 따르면 허베이성이 17%, 지린성이 14%를 차지해 서로 차지하는 비중이 다르므로 A는 정답이 아니다. 산둥성이 17%, 신쟝성이 7%로 두 배가 아니므로 B도 틀렸다. 허난성과 신쟝은 모두 7%이기 때문에 D는 맞지 않는다. 산둥성, 지린성, 허난성이 차지하는 비중은 각각 17%, 14%, 7%로, 순서대로 비중이 작아지고 있으므로 C가 정답이다.

58. 중국 포도주 제조업계 판매수익 구조(2002년)에서: 정답 : C

A. 허베이성의 수익이 가장 많다.

B. 톈진시는 베이징시보다 5만9백 위안 많다.

C. 허베이성과 톈진시는 서로 비슷하다.

D. 산둥성은 허베이성의 2배이다.

허베이성의 수입은 산둥성 보다 적으므로 A는 틀렸다. 톈진은 5.09억 위안으로 베이징보다 5.09억 위안이 많은 것이 아니다. 따라서 B도 틀렸다. 산둥성은 17.83억 위안, 허베이성은 6.52억 위안으로 17.83은 6.57의 2배가 아니다. 그래서 D도 정답이 아니다. 허베이성 6.57억 위안, 톈진 6.37억 위안으로 두 지역 차가 크지 않으므로 '서로 비슷하다'고 한 C가 정답이다.

59-60

다음은 환위(环宇)회사 林先生의 일주일 업무일정이다.

	오전	오후
월요일	광저우 국제상무 거래회의 참석	무역박람회에 참석한 칭다오 고객 회사와 미팅; 만찬회
화요일	광저우 지사의 업무 상황 시찰	
수요일	10:30 CA309 항공편으로 광저우에서 상하이로 돌아옴	기술 총감독과 신상품 개발상의
목요일	베이징시대미디어 회사의 李先生 회견	
금요일		회사 정례회의

59. 환위(环宇)회사 林先生의 평상시 업무 장소는? 정답: D

A. 베이징　　　　B. 광저우

C. 칭다오　　　　D. 상하이

林先生은 '사장'이다. '광저우에서 상하이로 돌아온다'는 사실을 통해 林先生의 회사가 D 상하이에 있다는 것을 알 수 있다. 지사가 B '광저우'에 있기 때문에 사장이 광저우로 지사 시찰을 가는 것이다. C칭다오는 林先生이 광저우에서 미팅할 고객회사가 있는 곳이다. A 베이징은 林先生이 상하이에서 만나게 될 李先生 회사가 있는 곳이므로 정답이 아니다.

60. 상하이-푸둥(上海浦发)개발은행의 郑先生은 오후에 林先生과 만나려 한다. 언제가 가장 적합하겠는가? 정답: C

A. 화요일 오후　　　　B. 금요일 오전

C. 목요일 오후　　　　D. 금요일 오후

업무일정에 따르면 林先生은 화요일과 목요일 오후에 시간이 있다. 그러나 화요일 오후에는 林先生이 아직 광저우에 있고, 그와 만나려는 郑先生은 상하이에 있기 때문에 C목요일 오후가 유일한 정답이다.

61-62

```
┌─────────────────────────────────────┐
│ 중국건설은행                          │
│                                       │
│      예금통장 개설 신청서             │
│                                       │
│ 科目： (贷)           2004년 5월 19일 │
│                                       │
│ 고객 필수기재:                        │
│ 이름: 余世伦 성별: 남 증명서 종류: 신분증 증명 │
│ 서 번호:310105198312052271            │
│ 주소: 上海市徐汇区吳兴路245弄7号       │
│ 연락가능 전화: 68743321               │
│ 우편번호: 200035 화폐종류: 위안화 예금기간□□월 │
│ 현금■ 즉시환전가능외환□               │
│ 비밀번호■ 도장□ 예금금액:50000위안   │
│ 예금종류 선택: 당좌저축□ 정기예금(목돈을 한 │
│ 번에 납입하고 기한이 되면 이자까지 합쳐 한꺼 │
│ 번에 지불받음) 적립식적금■ 저축카드□ 올 │
│ 인원예금□                             │
│    교육저축□ 국채□ 통지예금□ 정기예금 │
│ (매월 이자를 지불받음)□  기타          │
│ 은행기록:                             │
│   거래시간: 2004. 5. 19               │
│                                       │
│ 회계담당: 위임: 대조(점검): 기록한 사람: │
└─────────────────────────────────────┘
```

61. 이 저축 신청서는 무엇을 하기 위한 것인가? 정답: C

A. 비밀번호 입력　　　B. 현금 인출

C. 계좌 개설　　　　　D. 송금

이것은 '예금통장 개설 신청서'이므로 C가 유일한 정답이다.

62. 고객이 선택한 거래 항목은 무엇인가? 정답: A

A. 적립식적금　　　　　B. 국채

C. 올인원(all-in-one)예금　D. 정기예금

예금종류 선택란에서 고객이 선택한 것은 '적립식 적금'이므로 A가 정답이다.

63-64

```
┌─────────────────────────────────────┐
│ 2003 닝보(宁波)시 경제협력 상담회 초대장 │
│ X X X 님께                            │
│   우리 시 인민정부는 4월 8일부터 15일까지 │
│ 저장(浙江)성 닝보(宁波)시에서 2003 닝보시 경 │
│ 제협력 상담회를 개최하게 됩니다. 이번 상담회 │
│ 는 경제협력 논의를 주제로 하여 부동산 개발, │
│ 인프라(사회간접자본SOC) 건설, 제조업계가 협 │
│ 력하여 공장을 건설하는 것, 첨단기술 응용, 관 │
│ 광자원 개발 등 프로젝트를 투자자들에게 소개 │
│ 하고 투자대상을 선택하도록 하는 것입니다. 투 │
│ 자 협력 의향이 있으신 분들은 이번에 참석하시 │
│ 어 협력을 논의해보시길 바랍니다. 투자 프로젝 │
│ 트 브로슈어는 팩스로 받으시거나 인터넷 사이 │
│ 트를 통해 열람하실 수 있습니다.        │
│                                       │
│   담당자: 孙飞平  湖晓力  王吉          │
│   전화: 86-574-8097588/8097589        │
│   팩스: 86-574-8096432                │
│   e-mail: nbjjhz2003@pub.cz.jjhzinfo.net │
│   인터넷 사이트: 宁波信息网 (www.nb.jjhz.cn) │
│   주소: 浙江省宁波市人民南路263号市政大楼915室 │
│       2003经济合作洽谈会组委办公室      │
│   우편번호: 315005                    │
│                                       │
│ 2003 닝보시 경제협력상담회 조직위원회 사무실 │
│            2003년 3월 16일            │
└─────────────────────────────────────┘
```

63. 이번 상담회의 주요 목적은? 정답: B

A. 협력하여 공장 건설

B. 경제 협력

C. 기초 인프라 건설

D. 부동산 개발

초청장의 제목은 '2003 닝보시 경제협력 상담회'이며, '이번 상담회는 경제협력 논의를 주제로 한다고 초청장에 쓰여 있다. A협력하여 공장을 건설하는 것과 C인프라 건설, D부동산 개발은 모두 경제협력의 구체적 프로젝트이다.

64. 프로젝트 브로슈어를 받으려면 어떻게 해야 하는가? 정답: C

A. 86-574-8097589로 팩스를 보낸다.

B. 86-574-8096432로 전화 문의한다.

C. 宁波信息网 사이트를 검색한다.

D. 조직위원회 사무실로 e-mail을 보내 요청한다.

초청장에 '투자 프로젝트 브로슈어는 팩스를 통해 받으시거나 인터넷 사이트를 통해 열람하실 수 있습니다'라고 쓰여 있으므로 B 'email 문의', D '…에 email을 발송하여 요청한다.'는 정답이 아니다. A팩스를 보내는 것도 가능하지만, 번호가 틀렸으므로 A도 정답이 아니다. 그러므로 C '宁波信息网 사이트를 검색한다'가 유일한 정답이다.

65-68

> WTO 가입 후 더 많은 외자국제특송회사가 중국 택배시장이라는 파이에 눈독을 들이기 시작했다. 그들은 참신한 경영 이념, 세계 일류의 기술과 맞춤(개성화된)서비스로 택배업계의 시장점유경쟁에 뛰어들었고, 이는 중국의 우편행정업계에 상당한 충격을 가했다.
>
> 세계 4대 특급배송회사 중 하나인 FedEx는 이미 상하이푸동 국제공항에 중국 최대의 속달 처리센터를 설립했으며, 상하이에서 세계 각지로 곧장 연결되는 새 특급배송항공편을 선보여서 중국 각 도시로 논스톱 특급 배송하는 전용라인 항공편을 가장 많이 보유한 국제특급배송업체가 되었다. 반면 미국의 UPS는, 자사가 중국 직항노선 취항권 확보 후, 홍콩을 경유해 중국 현지에 서비스를 제공할 필요가 없어져서 중국 각 주요 비즈니스 지역에서 미국까지의 국제특급배송에 단 이틀이 소요될 것이며, 미국에서 베이징이나 상하이까지의 특급서류배송 소요 시간도 하루로 줄어들게 될 것이라고 밝혔다.
>
> 국제메이저의 중국시장 진출은 시장잠식만을 의미하지는 않는다. 그들이 업계의 경영관을 새롭게 하고 기술을 업그레이드시키며 업계의 전체 서비스 질을 향상시켰기 때문이다.
>
> 10년간 국제택배의 업무증가속도가 20%를 웃돌았다. 그 중 성장이 가장 빠른 DHL의 업무증가속도는 연평균 40%에 달하고 있으며 총 영업액도 60배나 뛰어올랐다.
>
> 현재까지 중국에 진출한 국제특급배송업체는 이미 130여 곳에 달하고 있으며, 업무규모는 약 50억 위안이다. 그 중, 가장 주목 받고 있는 것은 세계 5대 국제택배회사(UPS, FedEx, DHL, TNT, OCS)와 중국 우체국 택배 EMS가 같은 시장을 놓고 경쟁한다는 점이다.

65. 중국에서 가장 많은 직항 항공편을 확보한 국제특송회사는? 정답: C

A. UPS   B. DHL

C. FedEx   D. EMS

FedEx가 중국 각 도시로 논스톱 특급배송하는 전용라인 항공편을 가장 많이 보유한 국제특급배송업체라고 했으므로 C가 유일한 정답이다.

66. 이 글을 통해서 우리가 알 수 있는 사실은? 정답: A

A. UPS가 중국에 서비스를 제공할 때는 홍콩을 경유해야 한다.

B. 국제특급배송업무의 성장속도는 20%에도 못 미친다.

C. 국제특급배송업체의 시장점유율이 계속 높아지고 있다.

D. FedEx의 영업액은 60배 증가하였다.

UPS는 중국 직항노선 취항권을 확보하면 홍콩을 경유해 중국 현지에 서비스를 제공할 필요가 없게 된다고 밝히고 있다. 이는 이 글을 발표할 당시 UPS가 홍콩을 경유해서 중국대륙에 서비스를 제공하고 있었음을 의미한다. 따라서 A가 가장 적절한 답안이다. 지문에서 국제택배의 업무증가속도가 20%를 넘어섰다고 했으므로, B 국제택배 업무의 성장속도가 20%에도 못 미친다는 것은 사실과 다르다. 지문에서는 '국제 메이저들이 시장을 잠식했다'고 했으므로, C국제택배의 시장점유율이 계속 높아지고 있다는 것은 사실이 아니다. 지문에서 가장 빠르게 발전하고 있는 DHL의 영업액이 60배 이상 뛰어올랐다고 했으므로, D FedEx의 영업액이 60배 증가했다는 것도 옳지 않다. 따라서 B, C, D 모두 틀렸다.

67. 이 글의 가장 적절한 제목은? 정답 : A

A. 국제특급배송업체의 중국시장 진출

B. 국제특급배송업체가 중국 우편행정 사업에 도전해오고 있다.

C. FedEx가 중국 우체국 택배 EMS와 경쟁하고 있다.

D. 국제특급배송업체의 업무성장이 매우 빠르다.

지문은 주로 국제택배 회사의 중국 진출 후의 상황을 소개했다. B, C, D 모두 지문에 언급되기는 했지만 A'국제특급배송업체의 중국

시장'에 이 모든 내용이 포함되기 때문에 가장 적절한 답은 A가 된다.

68. 이 글에서 언급하지 않은 것은 무엇인가?

정답: D

A. 미국의 FedEx

B. 중국 우체국 택배 EMS

C. 미국의 UPS

D. 중국의 민영 택배회사

지문에서 언급하지 않은 것이 무엇인지 물었으므로 정답은 D'중국의 민영 택배회사'가 되어야 한다.

69-72

北京市朝阳区金台路65号

팩스

수신: 한국통파회사

발신: 중국雅代服饰유한회사

팩스: 0086-10-63792458

발송일자: 2006-4-23

전화: 0086-10-63792451/2/3/4　　매수: 1매

제목: 방문 초청　　참조: 김용석 매니저

□답변부탁드립니다.
_____

한국통파회사:

귀사에서 파견한 대표단이 2006년 5월 중국 베이징을 방문하길 부탁드립니다. 저희는 공장관리자, 의상디자이너 및 품질검사 담당자를 포함한 귀사의 대표단 파견을 건의합니다. 또한 본사의 대표직원들의 방문도 환영합니다.

저희 측 담당자가 공항에서 대표단을 맞이하고, 숙식과 스케줄을 책임지고 관리할 것이며, 대표단 여러분들을 모시고 회사를 참관할 것입니다.

다음 일정을 귀사에 알려드리오니 참고하시기 바랍니다.

1. 베이징(北京)과 다롄(大连)에 있는 저희 회사 영업부를 방문하고, 저희 회사 의류가공공장을 살펴보시게 될 것입니다.

2. 저희 회사의 자회사인 바이안(白安公司)의 판매 책임자를 만나 수출입 의류 무역에 관해 상의하시게 될 것입니다.

3. 5월 12일-19일에 열리는 중국화북지역 패션 전람회에 참석하시게 될 것입니다. 이번 전람회에서 저희는 이미 귀사를 위해 A-21 전시장을 확보하였습니다. 귀사가 2006년 새롭게 출시한 남녀 의상을 전시할 수 있으며, 전시 면적은 10m*10m입니다. 그 밖에 다른 신상품을 가져오셔서 이곳에 함께 전시해도 좋습니다.

이번 전람회의 주최 측으로서 저희는 전람회 기간 동안 귀사의 대표단이 더 많은 중국기업 및 정부 인사들과 만나 정보를 교환할 수 있도록 대표단을 위한 환영회를 열 것입니다.

저희는 이번 방문을 통해 양측의 여러 영역에서의 협력을 한층 더 강화할 수 있게 되길 바랍니다.

귀사의 결정을 빠른 시일 내에 저희에서 알려주십시오.

중국雅代服饰유한회사

2006년 4월 20일

---

69. 이 팩스의 주요 내용은 무엇인가?

정답: B

A. 한국통파회사가 전시회를 관람하다.

B. 방문을 초청하다.

C. 바이안(白安公司)을 방문하다.

D. 중국 정부인사와 회견을 가지다.

팩스에 '귀사에서 파견한 대표단이 2006년 5월 중국 베이징을 방문하시길 부탁 드립니다'라고 쓰여 있으므로 B는 정답이다. 팩스에서 야따이는 전람회의 주최 측으로서 통파사의 상품을 전시할 수 있는 전시장소를 예약해 두었다고 했으므로 A'한국통파가 전람회를 관람한다'는 것은 정답이 아니다. C'바이안을 방문한다', D'중국정부인사와 회견하다'는 일정의 구체적 내용이므로 모두 B에 포함될 수 있다.

70. 중국을 방문하고 참관할 직원 중 언급하지 않은 사람은? 정답:A

A. 회사 재무부서 책임자

B. 의상 디자이너

C. 본사대표인사

D. 품질검사관리자

팩스에서 언급한 대표단 구성원으로는 B 의상 디자이너, D 품질검사관리자와 C 본사대표인사가 있다. 그러나 재무부서 관계자는 없으므로 A가 정답이다.

71. '야따이(雅代公司)가 한국통파회사와 중국 기업 및 정부 인사와의 만남을 주선한다'는 말의 구체적 의미는 무엇인가?

정답: C

A. 통파회사의 새 의상을 선보인다.

B. 통파회사와 바이안(白安公司)의 협의를 준비하겠다.

C. 통파회사의 대표단을 위해 환영회를 열겠

다.
 D. 대표단이 야따이(雅代公司) 영업부를 방문
  하도록 안내한다.
 팩스에서 귀사의 대표단이 중국의 더 많은 기업 및 정부 인사들과 만나 정보를 교환할 수 있도록 대표단을 위한 환영회를 열 것이라고 밝히고 있다. 따라서 정답은 C이다.

72. 야따이(雅代公司)는 앞으로 어떤 일을 해야 하는가? 정답: D
 A. 전람회 일정을 확정한다.
 B. 한국 측 대표단의 숙식 문제를 해결한다.
 C. 한국 측과 계약을 체결한다.
 D. 한국 측의 답변을 기다린다.

 중국 측에서 팩스를 보내 초청했지만 한국이 이에 응할지 여부는 아직 알 수 없다. D 한국 측의 답변을 기다린 뒤, B 한국 측 대표의 숙식 문제를 처리하게 된다. A 전람회 일정은 야따이가 확정하는 것이 아니다. C'한국측과 계약을 체결한다'는 팩스에 없는 내용이므로 정답이 아니다. 따라서 D가 유한 정답이다.

Part 2

설명: 73번~84번까지 단락별로 몇 개의 빈 칸이 있으며 빈 칸의 오른쪽에 ABCD 네 개의 단어가 주어집니다. 가장 적절한 단어를 선택하여 답안지에 답을 기입하십시오.

73-78

현재 중국의 부동산 업계가 비약적으로 발전하는 추세를 보이고 있다. 그러나 많은 개발업자들은 집을 짓고 용적률을 높이는 데만 신경을 쓸 뿐, (73)이에 걸맞는 현대화된 주차장 건설에는 소홀하다. 현재 부동산 개발업자들은 건축물에 기존의 자동식 주차장을 마련해 놓고 있다. 점유 면적이 넓고 수용 차량에 한계가 있기 (74) 때문에 날로 증가하고 있는 주차장수요를 (75)만족시키기 어렵다. 통계에 (76)따르면, 현재 중국 도시의 자동차 보유량이 이미 1000만대를 (77)넘어섰으며, 2010년이 되면 (중국 자동차 보유량이) 2,000만대에 달할 것이라고 한다. 이들 차량이 모두 주차장을 필요로 하겠지만 상대적으로 주차공간은

심각하게 (78)부족 할 것이다.

73. 정답: C
 A어울리다, 걸맞다   B세트를 이루다
 C세트를 이루다   D분배하다
 与之은 B세트를 이루다, D분배하다와 호응할 수 없다. 따라서 B, D는 정답에서 제외시킬 수 있다. 与之配合, 与之配套 둘 다 호응은 되지만, 配合는 일반적으로 사람과 사람, 단체나 기관끼리의 협력하는 것을 가리키고, 配套는 관련된 사물을 조합시켜 세트로 만든다는 뜻을 지닌다. 住房과 停车场은 套를 사용해야 한다. 따라서 C가 가장 적합한 정답이다.

74. 정답: A
 A~때문에, ~로 인하여
 B~에 관해서는, ~로 말하자면
 C그러나   D비록~이지만
 문맥의 의미로 살펴볼 때, '점유 면적이 넓고 수용 차량에 한계가 있는' 것이 '날로 증가하고 있는 주차장 수요를 만족시키기 어려운' 원인이므로 인과관계를 나타내는 A由于를 선택해야 한다.

75. 정답: D
 A충분하다   B포화상태에 이르다
 C만족하다   D만족시키다
 需求와 호응할 수 있는 것은 동사 D'만족시키다' 밖에 없다. A'충분하다', B'포화상태에 이르다', C'만족하다'는 모두 형용사이므로 需求와 함께 사용할 수 없다.

76. 정답: A
 A~에 근거하여
 B~에서부터, ~로부터
 C~에 달려있다, 의지하다
 D~대로, ~에 따라
 A据는 출처와 유래를 의미하므로 문제의 뜻에 부합한다. 따라서 정답은 A이다.

77. 정답: B
 A나타나다   B돌파하다
 C진전이 있다, 진전되다

D(가격 등이) ~까지 오르다

빈칸 다음에 수량사가 있다. 양을 나타내는 것과 호응하는 동사는 B突破 밖에 없다. 그 외에는 모두 부적합하다.

78. 정답: D

A유감스러운 점, 불충분한 점

B감소하다

C소량   D부족하다

A缺憾의 뜻은 '완벽하지 않아서 유감스럽다'이다. 일반적으로 사람의 감정을 표현할 때 사용하므로 停车位缺憾이라고 할 수 없다. 그래서 A는 정답이 아니다. C少量은 형용사이기 때문에, 严重의 수식을 받지 않는다. B减少는 글의 내용과 맞지 않는다. 주차공간은 원래 부족했던 것이지 줄어든 것이 아니기 때문이다. D短缺는 부족함을 나타낸다. 严重과 함께 쓸 수 있으며 의미와 용법 모두 글의 내용에 부합하므로 D는 유일한 정답이다.

79-84

최신 소비자심리조사 결과에 (79)따르면, 중국 소비자의 경제에 대한 믿음(자신감)이 계속 세계 수준을 (80)웃돌고 있다고 한다. 미래 경제 상황을 상당히 낙관적으로 (81)바라보고 있기 때문에 중국소비자들은 여유자금을 생활수준 향상에 사용하길 더욱 원하고 있다. 소비자들이 가장 선호하는 여유자금 소비항목 중, 최첨단 상품과 실외오락(여가활동)이 높은 순위를 차지했다. 이는 젊은 세대의 '오늘을 즐기자'는 소비관을 (82)반영하고 있다. 중국에서 신정 연휴와 구정 연휴 기간의 소비절정기가 다가오고 있는 가운데 이는 과학기술과 오락산업에 있어서 (83)의심할 여지없는(두말 할 나위 없는) (84)기쁜 소식 이다.

79. 정답: B

A전시하다   B뚜렷하게 나타내 보인다

C나타나다   D전개하다

본문에서는 최신 소비자심리조사에서 두 가지 결론을 얻을 수 있다고 말하고 있다. 하나는 '중국 소비자의 경제에 대한 믿음(자신감)이……'이고, 다른 하나는 '중국 소비자들은

…… 더욱 원하고 있다'이다. 결론을 나타낼 때는 B显示를 사용해야 한다. 따라서 B가 정답이다. A展示는 일반적으로 구체적인 사물을 나타내는 명사와 함께 쓰인다. C出现의 뒤에는 명사가 와야지 짧은 구가 와서는 안 된다. D展开는 단독으로 쓰일 수 없는 동사이므로 일반적으로 쌍음절 동사와 함께 쓰인다. 따라서 A, C, D는 모두 정답이 될 수 없다.

80. 정답: C

A낙후되다, 뒤떨어지다   하다, 물러나다

C앞서다   D이끌다, 앞장서다

A落后는 형용사이다. 뒤에 목적어가 있으면 落后于로 써야 한다. B后退는 자동사이고 D领头는 자동사 구이므로 A, B, D는 맞지 않다. 그래서 정답은 C领先이어야 한다.

81. 정답: A

A유지하다   B지속하다

C~을 가지고 있다   D연속하다

高度乐观은 형용사인데 B持续 뒤에는 동사만 올 수 있고 C持有 뒤에는 명사만 올 수 있다. 또, D连续 뒤에는 목적어가 올 수 없기 때문에 B, C, D 모두 정답이 아니다. 따라서 A保持(高度乐观)만 정답이 될 수 있다.

82. 정답: D

A(밝게) 비추다   B반사하다

C다른 각도에서 살펴본다   D반영한다

A照射, B反射는 光线(빛)과 관련이 있지만, 照射와 反射는 일반적으로 추상적 개념의 단어와 함께 쓰이지 않는다. C反观은 '돌이켜 상반된 각도에서 관찰해본다'는 뜻을 가지고 있는데 지문의 빈칸에 들어갈 단어에는 이러한 뜻이 없다. D折射는 사물의 실질적으로 비유할 때 종종 사용되며 지문의 뜻도 부합한다. 게다가 理念과도 함께 쓸 수 있기 때문에 D가 정답이다.

83. 정답: B

A물론~이지만

B의심 할 나위 없이, 두말 할 필요 없이

C마치~인듯하다   D거의

지문은 확실히 긍정적인 좋은 소식을 소개

하고 있다. 그런데 C仿佛, D几乎를 통해서는
그다지 확신에 찬 어조를 느낄 수 없기 때문
에 적절한 답이 아니다. A固然은 양보, 한 발
물러서는 어조를 띄고 있기 때문에 인정하는
의미로 쓰이지만, 대개 인정하면서도 동시에
핵심의 부족함을 나타낸다. 따라서 역시 지문
의 의도에 부합하지 않으므로 정답이 아니다.
B 无疑의 뜻은 '의심할 여지없이'이기 때문에
정답이다.

84. 정답: B

　A장점, 좋은 점　　　　　B기쁘다
　C이익이다　　　D긍정적이다, 적극적이다
　이것은 令人+X 형식을 취하고 있다. 그 중
X는 동사나 심리상태를 표현하는 형용사가 되
어야 한다. A好处, C利益는 명사이고 D积极
가 형용사이기는 하나 심리상태를 나타내지는
않으므로 빈 칸에 들어갈 단어로 적합하지 않
다. 따라서 A, C, D 모두 정답이 될 수 없고
B高兴만 정답에 해당한다.

Part 3

설명: 85-94번까지 ABCD 네 단락의 짧은 글을
읽고 어느 문제 혹은 어느 문장이 각각 어떤 글
과 관련이 있는지 판단하십시오. 답안은 답안지
에 작성하십시오.

85-89
다음 문장이 각각 어느 글과 관련이 있는지
판단하십시오.
85. 글로벌 체인점이 가장 많은 회사는 어디
　　인가?
86. 어느 회사가 중국에서 국내전략을 실행하
　　고 있는가?
87. 어느 회사가 독특한 캐쉬앤캐리 제도를
　　실시하고 있는가?
88. 상해에 첫 번째로 대형 창고형 회원제 마
　　트를 연 것은 어느 회사인가?
89. 어느 회사가 중국에서 첫 번째 '대형매장'
　　을 개설했는가?

A
　미국 월마트는 세계 제일의 유통체인업체이다.
현재 세계 10개국에 4,200여 개의 매장을 가지
고 있다.

1996년 월마트는 심천에 아시아 제 1호 대형
할인마트와 샘스클럽(회원제 클럽)을 연 뒤, 지
금까지 중국에 22개의 점포를 열었다. 현재 중국
에서 월마트의 물품 구매는 매년 20%의 속도로
계속 증가하고 있어 중국은 이미 월마트의 세계
최대의 공급처 중 하나가 되었다.

2001년 월마트는 글로벌 구매본부를 홍콩에서
광둥(广东)으로 이전했다. 월마트는 이미 허베이
(河北), 둥베이(东北), 시난(西南)에 매장을 개설
했지만 화북(河北) 지역에는 아직 점포를 개설하
지 못한 상황이다.

B
　프랑스 유통업계 거두인 '까르푸'는 세계 제 2
대 유통업체다. 31개국에 9,200여 개의 체인매
장을 가지고 있다. '포춘'에서 선정한 500대 기
업 중 35위를 차지하고 있다.

1995년 까르푸는 중국에서 대형 매장이라 불
리는 슈퍼 익스프레스 제 1호점을 열었다. 그 후
6년 동안 까르푸는 중국 17개 도시에 30여 개의
점포를 개설하여 중국 외자 유통업계의 메이저
가 되었다. 까르푸의 중국 소비자는 중저소득 계
층의 도시 주민들이 주를 이룬다고 한다.

까르푸는 향후 중국에서 서부지역과 화난(华
南)지역에서의 성장에 주력하게 될 것이다.

C
　독일 메트로는 전 세계 소매업체 3위를 차지
하고 있다. 메트로는 캐쉬앤캐리(cash & carry:
창고형 매장에서 자유롭게 상품을 선택하고 현
금지불 방식으로 상품을 구매)라는 독특한 방식
으로 단기간에 유럽 19개 국가에서 급속 성장하
였다.

1995년 메트로는 상하이진장(锦江)그룹과 협
력하여 상하이진장 캐쉬앤캐리 유한회사를 설립
하였고, 1996년 10월 상하이에 창고형 회원제
매장 1호점을 개장하여 놀랄만한 성과를 거두었
으며 중국 유통업계에 새로운 바람을 몰고 왔다.

메트로는 3년~5년 내에 중국에 50개의 체인
점포를 열겠다는 계획을 가지고 있다.

D
　1991년 9월, 렌화마트(联华超市)의 첫 번째
체인점포 취양(曲阳)점이 문을 열었다. 2001년까
지 렌화의 매출 규모는 5년 연속 전국 대형마트
업계 1위를 달렸고 3년 연속 중국 소매업계 1위
를 차지했다.

2001년 렌화의 국내 전략이 실시되면서 렌화
는 동부 회랑(回廊)지대와 중부지역 도시에 20개
의 대형 매장을 개설했다. 현재 이미 600여 개
의 렌화 편의점이 운영되고 있으며, 전략 계획에
따르면 2005년에는 5배로 늘어나게 될 것이다.
렌화는 렌화 편의점 네트워크가 국내 모든 대도
시를 아우르도록 노력 중이다.

85. 정답: B

B는 까르푸가 9200여 개의 체인매장을 가지고 있다고 했고, A는 월마트가 현재 4200여 개의 매장을 가지고 있다고 했다. 반면 C, D는 체인 매장의 데이터에 대해 언급하지 않았다. 따라서 B가 가장 적절한 답이다.

86. 정답: D

D에서는 '중국 국내전략을 실시함에 따라……'라고 했지만 A, B, C는 국내전략을 언급하지 않았으므로 D가 정답이다.

87. 정답: C

C에서 '메트로는 '캐쉬앤캐리'라는 독특한 구매방식으로……'라고 했지만, A, B, D는 '캐쉬앤캐리'에 대해 언급하지 않았다. 따라서 C가 정답이다.

88. 정답: C

C메트로가 1996년 10월 상하이에 창고형 회원제 매장 1호점을 개장하였다고 했지만 A, B, D는 창고형 회원제 매장에 대한 내용이 없으므로 C가 정답이다.

89. 정답: B

B에는 까르푸는 중국에서 대형 매장이라 불리는 슈퍼 익스프레스 제 1호점을 열었다는 내용이 있지만, A, C, D에는 '대형 매장'에 대한 설명이 없기 때문에 B가 정답이다.

90-94

다음 문장이 각각 어느 글과 관련이 있는지 답하십시오.

90. 정부의 경제활동에 대한 제제는 시장의 형성을 저해하였다.

91. 효과적인 경쟁정책은 시장경제의 정상적인 운영을 촉진시킬 수 있다.

92. 공평한 경쟁의 목적은 가장 큰 이윤을 확보하는 것이다.

93. 정부간섭과 개인독점은 근본적으로 다르다.

94. 경쟁정책은 법을 통해 실시되어야 한다.

A

시장경쟁은 기업의 자주경영에 도움을 주어 경제효과를 향상시키며, 산업 구조를 합리화하고

기술향상을 촉진시켜 최종적으로 소비자의 복지를 증진시킨다. 그러나 경쟁은 목적이 아니며, 경제활동의 과정이나 방법에 영향을 줄 수 있을 뿐이다. 그렇기 때문에, 경제 글로벌화에 따라 자유경쟁의 추세에 적응하기 위해서도 각국의 경쟁법은 조율이 필요하다.

B

시장경제의 정상적 운영을 위해서는 효과적인 경쟁정책이 뒷받침 되어야 한다. 중국의 사회주의 시장경제제도의 구축도 효과적인 경쟁정책이 없어서는 안 된다. 경쟁정책의 목표와 임무는 경쟁을 보호하고 촉진시키는 것으로, 경쟁정책은 법률적 토대 위해서 실시된다. 따라서 시장 경쟁과 관련된 법규, 특히 반독점법과 관련된 법규를 마련하고 정비하는 것이 굉장히 중요하다.

C

독점, 즉 시장에서 하나 혹은 여러 개의 경영 법인이 연합하여 가격을 통제하는 것은 사회 자원의 효율적 이용을 가로막는다. 지식인과 사회 엘리트들은 사회의 부(富)의 과도한 집중에 대해 우려를 나타내면서 정부의 경제 간섭을 확대해야 한다고 주장한다. 따라서 공공복지의 측면에서 보면 정부간섭은 본질적으로 긍정적인 것이지만, 개인의 독점은 부정적인 것이다.

D

시장건설의 첫 번째 요소는 정부의 경제활동에 대한 제제를 줄이는 것이다. 효과적으로 경영하기 위해, 시장주체는 반드시 공평한 경쟁의 자유를 누려야 하며, 그 목적은 정치적 목표의 실현하는 것이 아니라, 이윤의 극대화이다. 시장주체들은 무엇을 생산할 것인지, 어떻게 생산할 것인지, 어떤 가격에 판매할 것인지, 어떻게 판매할 것인지를 반드시 자유롭게 결정할 수 있어야 한다. 만약 정부가 이러한 결정을 제한한다면, 이는 곧 시장의 형성을 가로막는 것이다.

---

90. 정답: D

D에서는 '시장주체들은 무엇을 생산할 것인지, 어떻게 생산할 것인지, 어떤 가격에 판매할 것인지, 어떻게 판매할 것인지를 반드시 자유롭게 결정할 수 있어야 한다. 만약 정부가 이러한 결정을 제한한다면, 이는 곧 시장의 형성을 가로막는 것이다'라고 했는데, 이는 문제의 '정부의 경제활동에 대한 제제는 시장의 형성을 저해하였다'와 같은 뜻이므로 D가 정답이다.

91. 정답: B

B에서 시장경제의 정상적 운영을 위해서는 효과적인 경쟁정책이 뒷받침 되어야 한다고 했는데, 이는 문제에서 제시한 효과적인 경쟁정책은 시장경제의 정상적인 운영을 촉진시킬

수 있다는 뜻이므로 D가 정답이다.

92. 정답: D

D에서 '시장주체는 반드시 공평한 경쟁의 자유를 누려야 하며, 그 목적은 이윤의 극대화이다'라고 한 내용이 문제의 '공평한 경쟁의 목적은 가장 큰 이윤을 확보하는 것이다'와 일맥상통하므로 정답은 D이다.

93. 정답: C

C에서 말한 '공공복지의 측면에서 보면 정부간섭은 본질적으로 긍정적인 것이지만, 개인의 독점은 부정적인 것이다'는 문제의 '정부간섭과 개인독점은 근본적으로 다르다'와 같은 의미이므로 정답은 C이다.

94. 정답: B

B의 '경쟁정책의 …… 법률적 토대 위해서 실시된다'는 문제의 '경쟁정책은 법을 통해 실시되어야 한다'를 의미하므로 B가 정답이다.

part 4

설명: 95-100번까지는 읽고 간략하게 답을 쓰는 문제입니다. 모든 문제의 답안은 10글자 이내로 답안지에 작성하십시오.

95-100
'광저우 대학도시 종합상업서비스지구 상가임대 계약서'를 읽고 다음 질문에 답하십시오.

95. 임대기간은 언제까지인가?
96. 을(乙)은 언제 입점하여 리모델링(내부수리) 할 수 있는가?
97. 을(乙)은 재계약시 무엇을 해야 하는가?
98. 임대료는 언제 지불해야 하는가?
99. 을(乙)이 기한을 넘겨 임대료를 지불하면 매일 얼마의 체납금을 내야 하는가?
100. 계약은 언제부터 법적 효력을 갖는가?

광저우 대학도시 종합상업서비스지구 상가임대 계약서(부분 발췌)

계약 당사자
임대인: 광저우 대학투자경영관리 유한회사(이하

갑이라 칭함)
임차인: (이하 을이라 칭함)
1. 임대장소
   1. 임대방식: 을이 임대한 상가는 유상으로 임대한다.
   2. 갑은 광저우시 샤오구웨이다오에 위치한 광저우 대학도시 종합상업 서비스지구 내의 ( )호 점포를 을이 경영 및 사용하도록 임대한다. 건축 면적은 ( ) 평방미터이다. 을은 점포를 수리하거나 개조할 수 있다.
2. 임대기한
   1. 임대차기한은 갑이 을에게 임대장소를 인도하는 날로부터 2006년 12월 31일까지이다.
   2. 을은 반드시 '교부통지서' 수령 후 5일 내에 상가 인도 수속을 밟아야 하며, 그 후 30일 동안은 차임면제 수리기간이다. 을은 갑이 을에게 입주를 허가한 날로부터 35일 내에 내부 수리를 마무리하고 영업을 시작할 것을 보장한다.
   3. 임대차 계약 종료시 을이 재계약을 원하면 한 달 전에 갑에게 통지해야 한다. 만약 그 때 갑이 계속 임대하고자 하면, 같은 조건에서 을은 우선 재임차 권한을 가질 수 있다. 을이 재계약을 원하지 않을 경우, 을은 임대차 계약 종료 전에 임차 상가를 비우고, 약정 내용 및 임차 상가의 특성에 따라 정상 사용 후 정상적인 상태로 갑에게 반환한다.
3. 차임지불 및 결제방식
   1. 을은 갑에게 매월 ( )정 (위안/월)의 차임을 지불한다.
   2. 월세(차임)는 선불로 지불한다. 첫 달의 월세(차임)는 계약 당일 지불하고, 두 번째 달부터 매월 5일 전에 지급한다. 만약 을이 월세(차임) 지급을 연체하면, 반드시 갑에게 체납금을 지불해야 하며, 일일 체납금은 월세의 0.2%로 한다. 만약 을이 5일을 넘겨 월세(차임)를 지불하면, 갑은 임대차 계약을 해제하고 임대차 상가를 회수하며 계약이행 보증금을 몰수 할 수 있다.
   본 계약서는 동일 양식의 4부로 이루어지며, 계약 당사자 쌍방이 2부씩 보관한다. 계약은 쌍방 대표가 날인한 즉시 성립되며, 을이 계약이행 보증금을 지불한 후 효력이 발생한다. 보증금액은 한 달 월세(차임)이다.

   갑: (서명, 날인)   을: (서명, 날인)
   년 월 일   년 월 일

95. 정답: 2006年2 12월 31일
질문은 '임대차기간이 언제 끝나는가'이다.

계약서에 '임대차기간은 2006년 12월 31일까지'라고 명시되어 있으므로 정답은: 2006년 12월 31일이다.

96. 정답: 收到《交付通知》后5天内'
　　　　('교부통지서'를 받은 후 5일 이내)

　문제는 '을이 언제 입점하여 리모델링(내부수리) 할 수 있는가'를 묻고 있다. 계약서에 '을은 반드시 <교부통지서> 수령 후 5일 내에 상가 인도 수속을 밟아야 한다'고 나와 있으므로 정답은: '교부통지서'를 받은 후 5일 이내가 된다.

97. 정답: 提前一个月通知甲方
　　　　(한 달 전에 갑에게 알린다.)

　문제는 '을이 재계약시 무엇을 해야 하는가'를 묻고 있다. 계약서에 '임대차 계약 종료 시 을이 재계약을 원하면 한 달 전에 갑에게 통지해야 한다'고 명시되어 있으므로 정답은: '한 달 전에 갑에게 알린다'이다.

98. 정답: 当月5日前 (매월 5일 이전)

　문제는 '임대료는 언제 지불해야 하는지' 묻고 있다. 계약서에 따라 '임대료는 매월 5일 전에 지급해야 한다.' 따라서 정답은: '매월 5일 이전'이라고 해야 한다.

99. 정답: 月租金的千分之二
　　　　(월세(차임)의 0.2%)

　문제는 을이 기한을 넘겨 임대료를 지불하면 매일 얼마의 체납금을 내야 하는지 묻고 있다. 계약서에 따르면, 일일 체납금은 월세의 0.2%이다. 따라서 정답은: '월세(차임)의 0.2%'이다.

100. 정답: 乙方支付履约保证金后
　　　　(을이 계약이행 보증금을 지불한 후)

　질문은 계약이 언제부터 법적 효력을 갖는지 묻고 있다. 계약서에 '계약은 쌍방 대표가 날인한 즉시 성립되며, 을이 계약이행 보증금을 지불한 후 효력이 발생한다'고 되어있으므로, 정답은 '을이 계약이행 보증금을 지불한 후'이다.

독해 평가가 모두 끝났습니다.

모의시험 1회
말하기 시험

시험지

주의사항

1. 말하기 시험은 두 문제이며, 10분 정도 소요됩니다.

2. 방송을 잘 듣고 방송의 감독관의 지시에 따라 질문에 대답하십시오.

3. 말하기 시험이 끝난 뒤, 녹음이 제대로 되었는지 확인하십시오.

문제1.

당신이 있는 도시의 택시 기본요금이 다소 인상될 예정이다. 친구에게 전화를 걸어 다음 상황을 설명하시오.

1. 10위안이던 기본요금 구간이 기존의 3km에서 2.5km로 줄어들게 된다.
2. '야간 할증요금'과 '승객 하차 후 되돌아갈 빈 택시에 지불하는 요금'은 당분간 변동이 없다.
3. '콜택시'는 호출 요금을 따로 받지 않는다.

소요시간: 준비시간 1분 30초, 말하는 시간 1분

문제2.

당신은 새 액정모니터를 구매했다. 마음에 들었기 때문에 다른 사람들에게도 추천해주고자 한다. 추천시 다른 브랜드와 비교할 수 있으며, 다음 몇 가지 요점을 유념하시오.

1. 디자인   2. 성능
3. 가격   4. 특색

소요시간: 준비시간 2분30초, 말하는 시간 2분

모의시험 1회

작문

시험지

문제1.

중국 외자보험회사 상황 통계표

시간	2004년 1월 1일 – 12월 8일				
수량	40곳	생명보험사	23곳	영업기구 (설립 계획 포함)	75곳
		손해보험사	14곳		
		재보험사	3곳		
보험증가비율 (2004.1.1-6.30)	손해보험	47.1% (중국 국내자본회사 동기 대비 성장 23%)			
	생명보험	51.2% (중국 국내자본회사 동기 대비 성장 6.5%)			

통계표를 보고 그 내용을 서술하여 한 편의 짧은 글을 완성하시오.

80~120자로 작성하시오.

문제2.

레노버 그룹 상황

설립시기: 1984년
주식상장 시기: 1994년
직원규모: 1,000여 명
기업이념: 고객을 더욱 편리하게

최근 실적	제품 R&D	2003년 8월	'레노버 선팅(深腾)1800' 컴퓨터
		2003년	'선팅(深腾)6800' 슈퍼 컴퓨터
	전략 절차 (단계)	2002년 12월	제 1회 레노버 기술혁신 대회
		2003년 4월	'Legend'에서 'Lenovo'로 영문브랜드 변경
		2003년 7월	레노버 과학기술 전시
		2004년	국제올림픽위원회 (IOC) 글로벌 파트너
		2004년 12월	IBM PC 사업부문 인수

《급성장하는 레노버》라는 제목으로 단문을 완성하시오.

250자 이상이어야 함.

모의시험 2회 답안

一、听力(듣기)

1	C	2	B	3	B	4	A
5	A	6	C	7	C	8	A
9	C	10	B	11	C	12	A
13	D	14	A	15	B	16	B
17	C	18	A	19	C	20	D
21	C	22	B	23	C	24	D
25	B	26	A	27	D	28	D
29	D	30	A	31	B	32	C
33	D	34	A	35	C	36	D
37	D	38	B	39	B	40	A
41	C	42	D				
43	新产品	44	绿茶	45	动物	46	合并
47	角度	48	结构性	49	电子	50	秘书

二、阅读(독해)

51	A	52	B	53	A	54	C
55	B	56	D	57	C	58	D
59	D	60	C	61	A	62	C
63	A	64	C	65	D	66	B
67	A	68	D	69	B	70	A
71	B	72	C	73	B	74	B
75	D	76	C	77	A	78	A
79	D	80	A	81	B	82	C
83	D	84	B	85	C	86	D
87	A	88	B	89	D	90	B
91	A	92	C	93	A	94	D

95	"明星"企业
96	"瘦狗"企业
97	高营业额和高额利润
98	实现更多的市场利润
99	增加必要的资金投入
100	相当低（甚至出现负增长）

听力录音文本

商务汉语考试仿真题二

一、听力

第一部分

说明：第1到第12题，在这部分试题中，每一题你将听到一个人问一句话，另一个人说出ABC三种应答。请你选出最恰当的应答。问话和应答都没有印在试卷上，只播放一遍。
例如：第5题：你听到一个人问：您好，请问您找谁？
你听到另一个人应答：A 王经理。
B 我去找他。
C 请您问吧。
最恰当的应答是A 王经理。你应该在答卷上涂黑A。
好，现在我们开始做第1题。

第1题：
男：你好！我能见王经理吗？
女：A 很高兴认识你！
B 不好意思，我不是故意的。
C 请问，您预约了吗？

第2题：
女：老板觉得我们的计划书怎么样？
男：A 他说明天再去一次。
B 他说明天再看。
C 他说忘记是谁的了。

第3题：
男：请问，明天的会议为什么取消了？
女：A 明天一定有很多人来。
B 经理突然去外地了。
C 会议时间是上午10点。

第4题：
女：下个星期你去哪儿出差？
男：A 广州和深圳。
B 一个星期左右。
C 刚从香港回来。

第5题：
男：你们研究过客户的心理吗？
女：A 我们正想调查一下。

B 他们明天会考虑的。
C 没有你要的东西。

第6题：
女：请问，您对我们的产品有什么意见？
男：A 我以前就听说过这种产品。
B 我是昨天买的这种产品。
C 我觉得价格有点接受不了。

第7题：
男：你们公司怎么也来参加这次展览了？
女：A 经理是昨天来参观展览的。
B 有些重要客户还没来。
C 我们是展览的主办单位。

第8题：
男：你们的新产品准备什么时候上市？
女：A 明年春节期间。
B 我们的新产品更好。
C 去年圣诞节的时候。

第9题：
女：能介绍一下你们公司明年的计划吗？
男：A 我们公司有很多新计划。
B 我们公司的总部设在北京。
C 我们公司将开拓西部市场。

第10题：
女：您为什么离开原来的公司？
男：A 原来的公司薪水不错。
B 希望有更好的发展。
C 我是上个月辞职的。

第11题：
男：这种式样的衣服还有别的颜色吗？
女：A 这种颜色的衣服我们进得很多。
B 我们还有很多别的式样。
C 有银灰、深蓝，您要哪种？

第12题：
男：请问，去东方大厦怎么走？
女：A 一直往前走，再右拐。
B 骑自行车十分钟就到。

C 你打算去那儿干什么?

第二部分

第13题：吴经理公司的业绩属于下面哪一种情况?

男：吴经理，你们公司今年的业绩怎么样?

女：今年上半年的业务量逐渐下降，下半年的业务
　　量又上升了，比年初的销量还要好。

男：那先恭喜你啦!

第14题：兴华公司的产品现在是哪种形状的?

男：小赵，兴华公司的产品好像改包装了。

女：是的。原来的设计是方形的，但是客户不欢
　　迎，现在改成圆的了。

男：我觉得还是方的好看。

第15题：下面哪位是赵经理?

男：老板派我去机场接客户赵经理，可我从来
　　没见过他，就知道他戴着眼镜。

女：别担心，我认识他。他有点儿胖。穿西服的
　　时候一定会系领带。

男：谢谢你，这下去机场容易找到他了。

第16题：下面哪个是最后的设计?

女：给客户的邀请信要好好设计一下，"迎春"
　　这两个字应该设计成什么样?

男：既然是中国的传统节日，就按传统习惯，竖
　　着写吧。

女：好主意! 我们再加上点儿花吧，否则太单调了。

第17题：他们说的产品是哪个?

男：我们的产品改变了包装，把瓶子换成了方形的。

女：就是这个吗? 我看看，瓶口变短了，身体变
　　"胖"了。

男：没错。虽然还是用透明玻璃，可新包装更简
　　单、更有现代感了。

第18题：下面哪幅图是银河大楼的正确位置?

女：对不起，请问，银河大楼怎么走?

男：嗯，沿这条路往前走，到第二个十字路口，
　　往左拐。再一直往前，路的尽头就是银河大楼。

女：谢谢你!

第19题：他们明天什么时候见面?

男：喂，你好，我想跟您定一下明天的见面时
　　间，可以吗?

女：明天下午两点在中银大厦五楼见面，怎么样?

男：两点可能来不及，推迟半个小时吧。

第20题：关于休息时间的调整，哪个是正确的?

男：小陈，周末你还上班啊?

女：是啊，我们最近很忙，只好加班了。

男：那过年的时候可以补休喽。

第21题：男的想花多少钱买这条裤子?

男：老板，这条裤子怎么卖?

女：160块。

男：打个对折吧。

第22题：王小姐在什么地方工作?

男：王小姐，听说你们公司推出了一种新的保险
　　品种，一年的红利比银行利息还要高。

女：是啊，这种保险确实很适合像您这样的老年人。

男：那太好了!

第23题：男的决定订几点的机票?

男：喂，你好，我想订一张明天去北京的机票，
　　有没有中午11点的航班?

女：明天中午11点的没有，早半个小时的行吗?

男：早点儿就早点儿吧。

第24题：第二个月的销售额是多少?

女：吴经理，这是我们公司这几个月的销售情况。

男：嗯，第一个月销售额是100万元，第二个月

增长了5%，干得不错嘛！

女：谢谢经理夸奖。

第25题：说话人最可能是什么关系？

男：你好，这是我的个人简历。

女：请问，你为什么到我们电视台来应聘？

男：我对新闻工作很感兴趣，也不怕吃苦，而且有团队精神。

第26题：男的认为组装的电脑怎么样？

男：你喜欢哪种电脑？

女：组装的，你呢？

男：我喜欢原装的，虽然价格贵一些，但质量好多了。

第27题：从对话中我们可以知道什么？

男：听说小李被炒鱿鱼了，怎么回事？

女：还不是因为他总是完不成销售任务，经理不满意呗。

男：现在房地产销售真不容易啊。

第28题：男的可能要哪一种房间？

女：我们这儿标准间一个晚上200块。

男：有点儿贵，我想要便宜点儿的。

女：三人间比较便宜，一个床位50块。

第29题：男的会在什么时间向经理汇报工作？

男：杨秘书，我要向总经理汇报工作，你能安排一下吗？

女：总经理今天的日程已经满了，明天上午九点半到十一点有会，中午十二点吃过饭就去北京，只有一个小时的空儿。

男：那就请你安排吧。

第30题：两个人最可能是什么关系？

男：为了我们这次成功的合作，干杯！

女：干杯！希望张经理今后再来投资！

男：一定！一定！

第31题：男的对投资股票是什么态度？

男：中国的股市现在怎么样？

女：最近我赚了不少，可是很多人都赔了钱。

男：看来投资股票还是风险很大啊！

第32题：他们对买车是什么看法？

女：我们同事很多人都买了车了。咱们也可以考虑了。

男：不，我们不赶浪头，现在车还是买得起，用不起。

女：你说的也是。

第三部分

> **说明**：第33到第42题，在这部分试题中，你将听到几段比较长的对话或讲话。每段只播放一遍。请你一边听一边根据试卷上的提问从ABCD四个选项中选出最恰当的答案。答案请涂在答卷上。好，现在我们开始做第33题到第35题。

第33到第35题的问题是：

第33题："久明"餐厅现在的情况怎么样？

第34题：关于"久明"餐厅的老板，对话中说到的是哪种情况？

第35题：下面几项，哪个是"久明"餐厅的特色服务？

这三个问题是根据下面的对话：

男：听说这段时间"久明"餐厅生意好得不得了！

女：在商业中心经营餐厅，当然得靠特色吸引顾客了。除了中国传统小吃，他们还推出了很多特色服务，考虑得非常周到。

男：哦？都是些什么样的服务？

女：比如聘请外国点心师，增加商务套餐的种类，提供包月制外送服务等等。

男：听说这个餐厅的老板第一次开饭店的时候可不怎么样，这次怎么就能成功了呢？

女：上次开饭店，位置选得不好，不但没赚钱，还亏了三十多万。后来老板转变经营思路，这才旺了起来。

第36到第38题的问题是：

第36题：关于北京国际汽车展，下面哪种说法是正确的？

第37题：这次展览有多少汽车厂商参加？

第38题：车展上最热销的是哪种汽车？

这三个问题是根据下面一段新闻：

第五届北京国际汽车展览会今天闭幕了。车展举行了七天，共吸引了全球1,600多家汽车厂商参加。观众达到41万人次，光门票收入就超过1,000万元，创下车展创办以来的最高纪录。在车展上，小型节能的新型家用汽车很吸引人们的眼球，青年人特别注意吉普车的款式，商务车的功能配置也是人们很关心的一个主题。许多汽车还没有下展台就被订购了，尤其是一些高级豪华车，根据了解，到车展结束的时候，一共有30辆100万元以上的豪华车被预订。

第39到第42题的问题是：

39 今天谈论的话题是关于中国经济哪方面的问题？

40 关于中国经济的发展，洪教授的看法是什么？

41 中国经济的发展对亚洲各国有什么影响？

42 关于自由贸易协定，下面哪种说法正确？

这四个问题是根据下面一段采访：

主持人：各位观众朋友，你们好！关注中国，关注经济，欢迎您收看《中国经济观察》节目。今天，我们的讨论将围绕"中国经济发展对世界的影响"这一问题展开。首先为您介绍我们的特邀嘉宾——著名经济学家洪志国教授。洪教授，您好，欢迎到我们节目做客。

洪教授：主持人好！观众朋友们好！

主持人：近年来，中国经济的发展受到了全世界的关注。洪教授，请给我们介绍一下这方面的情况。

洪教授：从1989年至2001年，中国的GDP年平均增长9.3%，成为世界上发展最快的国家。中国的经济实力越来越强了，中国经济现在就好像是一列高速运行的火车，一日千里。这列火车将我们带入了全球化的世界大市场，也带进了复杂的竞争与合作之中。

主持人：面对中国经济的发展，其他国家都在思考些什么？对他们来说，中国经济的发展是机会还是挑战？中国是他们的合作伙伴还是竞争对手？

洪教授：中国走向世界的同时，世界也走进了中国，对其他国家而言，中国是一个很大的市场，在这里可以寻找和抓住很多难得的商业机会。谁能把握住合作的机会，

谁就能在新一轮的竞争中胜出。

主持人：也就是说，竞争中有合作，合作中有竞争。如果具体到亚洲范围来看，中国经济的发展对亚洲各国，尤其是几个主要的周边国家的经济会有什么影响？

洪教授：中国的经济发展对全世界都是一次机遇。对亚洲国家来说，更是机遇多于挑战。

主持人：再请问洪教授，中国和东南亚各国的经济关系是怎样的？

洪教授：中国的发展已经使东南亚各国转变了思想。为了加强与中国的合作，东盟，也就是东南亚国家联盟，计划与中国签订一个互惠互利的自由贸易协定，这个协定将在2010年完全生效。这个协定今后会在很大程度上影响中国和东南亚国家的合作。

第四部分

说明： 第43到第50题，在这部分试题中，你将听到几段对话或讲话。每段只播放一遍。请你一边听一边在横道上填写数字或汉字。

例如：你在试卷上看到王刚的简单情况，其中年龄和专业是空着的，里面标有题号。

你听到：

男：我叫王刚，今年　(46)<u>24</u>岁，南方工业大学毕业，专业是 (47)<u>计算机</u>。

你应该在第46题后面写"24"，在第47题后面写"计算机"。答案请写在答卷上。好，现在我们开始做第43到第50题。

第43到第45题，有位职员通过电话进行市场调查。下面是电话录音：

女：（电话铃响）喂，你好！

男：小姐，您好！我是广州日用化学品公司市场部的调查员。为了开发新产品，我们想作一个电话调查，了解顾客喜欢哪种香型的洗发水。

女：可以。请说。

男：您喜欢什么香型的洗发水？

女：橘子香型的太俗气，薄荷香型的太刺激，还是绿茶香型的比较舒服。

男：您对产品的包装有些什么想法？

女：现在的瓶子不是方的就是圆的，做成动物形状的多好！

男：这个建议太好了。谢谢您接受我们的调查！

第46到第47题，一位女职员正在向总经理汇报工

作。下面是他们的对话录音：

女：总经理，我向您汇报一下最近的工作情况。

男：好的。你简单说说吧。

女：最近我正在跟大华公司和斯科公司谈购买材料的事。没想到，今天从报纸上读到一条新闻：他们两家公司要合并成一家了。

男：我曾经听到过这事儿。不过，我不太相信，所以上次派你去大华公司谈生意的时候，就没有告诉你。

女：唉，要是我早点儿知道这事儿就好了。

男：为什么？

女：我本来打算让这两家公司互相竞争，可以把价格降下来。可现在他们是一家人了……

男：看来，现在得考虑换个角度跟他们商谈价格了。

第48到第50题是一段讲话，讲的是有关人才供求的问题：

今年上半年《人才供求信息》上的统计显示，人才供求结构性矛盾依然十分突出。据统计，用人单位所需要的职位，前三位排名是：计算机工程师、电子工程师和生产主管。而求职者希望能应聘的职位前三位是：会计、秘书和机械工程师。人才供求的结构性矛盾反映了当前教育配置与市场需求的接口问题，也反映了求职心理与市场需要的协调问题。

听力考试到此结束。

해 설

모의시험 2회

1. 듣기

part 1

설명: 1번부터 12번까지 문제에서는 한 사람이 질문을 하면 다른 한 사람이 ABC 세 종류의 대답을 하는 내용을 듣게 될 것입니다. 가장 적당한 답을 고르십시오. 문제와 대답은 문제지에 나와있지 않으며 모두 한 번씩만 듣게 됩니다.

예: 문제 5번: 당신은 한 사람이 "안녕하세요? 어느 분을 찾으십니까?" 라고 물으면 다른 한 사람이

A.王经理, B.我去找他。, C.请您问吧。

라고 대답하는 내용을 듣게 됩니다. 가장 적절한 정답은 A.王经理입니다. 답안지의 [A]에 정답을 표시하십시오.

1. 정답: C

남: 안녕하세요! 王사장님을 만날 수 있을까요?

여: A. 당신을 만나 뵙게 되어서 기쁩니다.

　　 B. 죄송합니다, 일부러 그런 것이 아닙니다.

　　 C. 약속하셨습니까?

남자는 인사를 하면서 王사장을 만날 수 있는지 묻고 있다. A는 단순한 인사에 한 대답이기 때문에 화자의 의도에 맞지 않으므로 정답이 아니다. B는 일을 잘못 처리하여 타인의 이익에 해를 끼쳤을 때 사과하는 말이므로 정답이 아니다. C에서 '약속을 하셨습니까'라고 묻는 것은 약속을 했다면 王사장을 만날 수 있다 것을 전제로 하고 있다. 이는 분명하게 상대방의 질문에 대답한 것이며, 더 나아가서 약속 했는지 여부까지 확인하고 있으므로 적절한 답이다.

2. 정답: B

여: 사장님께서는 우리의 계획안에 대해 어떻게 생각하고 계십니까?

남: A. 내일 다시 한 번 가자고 하십니다.

　　 B. 내일 다시 보자고 하십니다.

　　 C. 누구 것인지 잊으셨다고 하십니다.

문제는 사장의 계획안에 대한 의견이 어떤지 묻고 있다. A가 말하는 것은 사장이 내일

취할 행동을 의미하므로 정답이 아니다. C'누구 것인지 잊어버렸다'에서 '누구'가 가리키는 것은 계획안을 작성한 사람이다. 이 역시 사장의 의견이 무엇인지 명확하게 밝히지 않고 있으므로 정답이 아니다. B'내일 보자고 한다'는 것은 사장이 아직 계획안을 보지 않았기 때문에 지금은 질문에 대답할 수 없음을 의미한다. 따라서 B는 질문에 대해 실질적인 정보를 제공했으므로 정답이다.

3. 정답: B

남: 내일 회의가 왜 취소되었습니까?

여: A. 내일은 분명히 많은 사람들이 올 것입니다.

　　 B. 사장님이 갑자기 일이 생겨서 자리에 안 계십니다.

　　 C. 회의 시간은 오전 10시입니다.

화자는 내일 회의가 취소된 이유를 묻고 있다. A는 내일 회의에 참석할 사람의 수를 말하고 있고, C는 내일 회의가 열리는 시간을 말하고 있다. 따라서 정답이 아니다. B'사장이 갑자기 일이 생겨서 자리를 비우셨다'는 것이 질문에 대한 적당한 정답이다.

4. 정답: A

여: 다음 주에 어디로 출장 가십니까?

남: A. 광저우(广州)와 선전(深圳)으로 갑니다.

　　 B. 일주일 정도 다녀올 것입니다.

　　 C. 방금 홍콩에서 돌아왔습니다.

화자는 다음주에 출장을 가게 될 장소에 대해 묻고 있다. B는 출장 소요 시간이고, C는 출장을 갔던 곳을 말하고 있으므로 모두 정답이 아니다. A'광저우(广州)와 선전(深圳)'은 명확한 질문에 대한 답변이므로 정답이 될 수 있다.

5. 정답: A

남: 고객심리를 연구해본 적이 있으십니까?

여: A. 지금 조사하려던 참입니다.

　　 B. 그들은 내일 생각해보게 될 것입니다.

　　 C. 당신이 원하는 물건이 없습니다.

질문은 고객의 심리를 연구해 본 적이 있는지 묻고 있다. B는 다른 사람들이 이 일을 고

려해보게 될 것이라고 말하고 있으므로 정답이 아니다. C'당신이 원하는 물건이 없다'고 말하는 것도 고객 심리를 연구해본 적이 있는지 묻는 질문에 명확하게 대답하는 것이 아니다. 따라서 정답이 될 수 없다. A'지금 조사하려던 참이었다'는 것은 아직 이 일을 하지 않았지만 곧 할 것이라는 것을 의미한다. 따라서 정답이다.

6. 정답: C

여: 저희 제품에 대해 어떻게 생각하십니까?

남: A. 예전에 이 제품에 대해 들은 적이 있습니다.

　　B. 저는 어제 이 제품을 샀습니다.

　　C. 이 가격 조건을 받아들일 수 없을 것 같습니다.

상품에 대한 의견을 묻고 있다. 이에 대해 A는 예전에 들어본 적이 있다고 말했고 B는 어제 샀다고 대답했는데 둘 다 정답이 될 수 없다. C는 가격에 대한 의견을 밝힌 것으로 적절한 답이 될 수 있다.

7. 정답: C

남: 어떻게 귀사도 이번 전시회에 참여합니까?

여: A. 사장님은 어제 전시회를 둘러보셨습니다.

　　B. 일부 중요한 고객이 아직 도착하지 않으셨습니다.

　　C. 우리는 전시회의 주최측입니다.

화자는 상대편 회사가 전시회에 참가하게 된 연유를 묻고 있다. A는 책임자가 어제 둘러보았다고 말하고 있고, B는 아직 중요한 고객이 도착하지 않았다고 말하고 있다. C는 자사가 주최측이기 때문에 이번 전시회에 참석하는 것은 당연하다는 사실을 알리고 있다. 정확한 정보를 제공하고 있으므로 C는 적절한 이 될 수 있다.

8. 정답: A

남: 신제품을 언제 출시할 예정입니까?

여: A. 내년 설 연휴 기간입니다.

　　B. 우리 신제품이 더 좋습니다.

　　C. 작년 성탄절 때였습니다.

화자는 '언제 제품을 출시할 예정인지' 아직 출시하지 않은 상품의 출시 시간을 묻고 있다. B는 상품의 질에 대한 답변이기 때문에 정답이 아니다. C는 지나간 일에 대한 내용이므로 문제의 의도에 부합하지 않는다. A'내년 설 연휴'가 가장 적절한 답이다.

9. 정답: C

여: 귀사의 내년 계획을 말씀해주실 수 있나요?

남: A. 저희 회사는 많은 새로운 계획이 있습니다.

　　B. 저희 회사 본사는 北京에 있습니다.

　　C. 저희 회사는 서부 시장을 개척할 예정입니다.

질문을 하는 사람은 내년 계획에 대해 소개해 주길 원하고 있다. A는 '많은 새로운 계획이 있다'고 말했고, B는 본사의 위치를 말했으므로 둘 다 정답이 아니다. C'서부 시장을 개척할 예정'이라는 것은 중요한 내년 계획의 일부이므로 정답이다.

10. 정답: B

여: 당신은 왜 예전 회사를 떠났습니까?

남: A. 예전 회사의 월급이 많았습니다.

　　B. 더 발전할 수 있기를 바랐기 때문입니다.

　　C. 저는 지난 달에 사직했습니다.

화자는 '전의 회사를 떠난 이유가 무엇인지' 묻고 있다. 이에 대해 A는 전에 다니던 회사의 월급이 많았다고 대답하고 있다. 직원에게는 이것이 상당히 매력적인 조건이 될 수 있기 때문에 회사를 떠난 이유가 될 수 없다. 만약 '월급은 많았지만, 발전 전망이 좋지 않았다'는 뜻을 전하는 것이라면 회사를 떠나게 된 원인이 월급 때문이 아니라 발전 전망 때문이라는 뜻이 된다. 따라서 A는 정답이 아니다. C는 회사를 떠난 시기를 말하고 있으므로 더욱 정답이 될 수 없다. B는 '더 발전할 수 있기를 바랐기 때문'이라고 분명하게 밝히고 있으므로 정답이 될 수 있다.

11. 정답: C

남: 이 스타일의 옷은 다른 색상도 있나요?

여: A. 저희는 이 색상의 옷이 많습니다.

B. 저희는 다른 스타일도 많습니다.

C. 은회색, 남색이 있는데, 어떤 색상을 원하십니까?

화자는 이 스타일의 옷이 다른 색상도 있는지 묻고 있다. 이는 옷의 스타일은 마음에 들지만 색상은 마음에 들지 않는다는 것을 의미한다. A'이 색상의 옷이 많다'는 것은 이 색상의 옷의 수량이 많다는 것을 강조하는 것이므로 정답이 아니다. B는 질문에 맞는 대답을 하지 못했으므로 정답이 될 수 없다. C는 다른 색상이 있으며, 어떤 색상이 있는지까지 덧붙여 고객이 직접 선택하도록 하였다. 따라서 C가 정답이다.

12. 정답: A

남: 둥팡(东方)빌딩에 가려면 어떻게 가야 합니까?

여: A. 앞으로 가다가 오른쪽으로 가십시오.

B. 자전거로 10분이면 도착합니다.

C. 거기 가서 무엇을 하려고 하십니까?

질문자는 '어떻게 가야 하는지' 묻고 있다. B는 시간이 얼마나 걸리는지에 대한 답변이고, C는 상대방이 둥팡 빌딩에 가야 하는 목적을 묻고 있으므로 정답이 아니다. A는 구체적으로 가는 방향을 제시하였으므로 정답이다.

Part 2

설명: 문제 13번부터 32번까지 20개의 짧은 대화를 듣게 됩니다. 대화 내용은 모두 한 번씩만 들려드립니다. 방송 내용을 들으면서 문제지의 문제에 따라 ABCD 4개의 보기 중 가장 적절한 것을 선택하십시오.

예: 문제지에 15번 문제의 질문과 보기 4개가 나와 있습니다.

13. 뭣사장 회사의 영업 실적은 다음 중 어떤 상황인가? 정답: D

남: 뭣사장님, 귀사의 올해 영업 상황이 어떤가요?

여: 올해 상반기에 업무량이 점차 줄어들었다가 하반기에 다시 늘어났습니다. 연초보다 매출상황이 더 좋습니다.

남: 그럼 미리 축하 드리겠습니다.

상반기에 업무량이 점점 줄어들었다고 했으

므로 B는 답이 될 수 없다. 하반기에 업무량이 다시 증가했다고 했으므로 A도 답이 될 수 없다. 연초보다 매출 상황이 더 좋아졌다고 했기 때문에 C도 정답이 아니라는 사실을 알 수 있다. 따라서 정답은 D이다.

14. 싱화(兴华)회사의 제품은 현재 어떤 상황인가? 정답:A

남: 小赵, 싱화(兴华)의 제품 포장이 바뀐 것 같네요.

여: 맞아요, 기존의 디자인은 사각형이었는데, 고객 반응이 좋지 않아서 지금은 원형으로 바꿨어요.

남: 저는 사각형이 더 보기 좋은 것 같네요.

지금은 원형으로 바뀌었다고 했으므로 정답은 A이다.

15. 다음 중 누가 赵사장인가? 정답: B

남: 사장님이 저더러 공항에 가서 赵사장님을 모시고 오라고 하셨습니다. 그런데 저는 그 분을 뵌 적이 없고, 안경을 쓰셨다는 것만 압니다.

여: 걱정하지 마세요. 제가 그 분을 압니다. 약간 뚱뚱하시고, 양복을 입으실 때는 넥타이를 착용하십니다.

남: 감사합니다. 덕분에 공항에서 그 분을 쉽게 찾겠네요.

안경을 썼다고 했으므로 A는 정답이 될 수 없으며, 약간 뚱뚱하다는 사실을 통해 D가 정답이 아니라는 사실을 알 수 있다. 양복을 입고 넥타이를 착용했다고 했으므로 정답은 B이다.

16. 다음 중 어느 것이 최종 디자인인가? 정답: B

여: 고객에게 보낼 초청서를 잘 디자인해 봅시다. '봄을 맞이한다'는 이 글자를 어떻게 디자인해야 할까요?

남: 중국의 전통 명절이니 전통 풍습에 따라 세로로 씁시다.

여: 좋은 생각이네요! 꽃 그림도 좀 넣읍시다. 그렇지 않으면 너무 단조로울 것 같네요.

글씨는 세로로 쓴다고 했기 때문에 C와 D

는 정답이 아니다. 꽃 그림을 넣는다고 했으므로 A도 답이 될 수 없다. 따라서 정답은 B이다.

17. 그들이 말하는 제품은 어떤 것인가?
정답: C

남: 우리 제품 외관이 달라졌습니다. 병을 각진 것으로 바꿨어요.

여: 이건가요? 병 입구가 짧아졌고 몸통 부분은 '뚱뚱'해졌군요.

남: 맞습니다. 여전히 투명한 유리를 사용하지만, 더욱 단순해지고 모던해졌어요.

각이 진 모양으로 바꾸었다고 했으므로 D는 정답이 될 수 없고, 병의 입구가 짧고 몸통이 뚱뚱해졌다는 사실을 통해 A는 정답이 아니라는 것을 알 수 있다. 따라서 정답은 B가 되어야 한다.

18. 다음 중 인허(银河)빌딩의 위치가 올바르게 표시된 그림은 무엇인가? 정답: A

여: 죄송합니다. 인허(银河)빌딩에 어떻게 가야 하나요?

남: 이 길을 따라 앞으로 가시다가 두 번째 사거리에서 왼쪽으로 꺾어서 다시 앞으로 가시면 길 끝에 인허(银河)빌딩이 나올 겁니다.

여: 고맙습니다.

두 번째 사거리에서 꺾어진다고 했으므로 B는 정답이 될 수 없다. 왼쪽으로 돌아들어가야 하므로 D 역시 정답이 아니다. 길 끝에 목적지가 있다는 사실을 통해 C가 정답이 아니라는 것을 알 수 있다. 따라서 정답은 A이다.

19. 그들은 내일 언제 만날 것인가? 정답: C

남: 여보세요, 안녕하세요? 내일 만날 시간을 정할까 하는데, 괜찮으신가요?

여: 내일 오후 2시에 중인(中银)빌딩 5층에서 만나는 게 어떨까요?

남: 2시에는 도착하지 못 할 것 같네요. 30분만 늦춥시다.

내일 오후 2시에서 30분 연기하기로 했으므로 2시 30분이 되어야 한다. 따라서 정답은 C이다.

20. 다음 중 휴가기간 조정에 관하여 옳은 것은? 정답: D

남: 小陈, 주말에도 출근하나요?

여: 네, 요즘 많이 바빠서 연장근무를 해야 해요.

남: 그럼 설 연휴 때 보충해서 쉬면되겠네요.

주말에도 근무를 해야 할 뿐 아니라 연장근무를 한다고 했으므로 A와B는 정답이 아니다. 설 연휴에 보충해서 쉬면된다고 했으므로 C 역시 정답이 될 수 없다. 따라서 정답은 D가 되어야 한다.

21. 남자는 얼마에 이 바지를 사려하는가?
정답: C

남: 이 바지 얼마입니까?

여: 160위안입니다.

남: 50% 할인해주세요.

'对折'는 절반을 깎아준다는 뜻으로 원가에서 50% 할인하는 것을 의미한다. 판매자 제시 가격이 160위안이었으므로 50%할인하면 80위안이 된다. 따라서 정답은 C이다.

22. 王小姐는 어디에서 근무하는가? 정답: B

남: 王小姐, 귀사에서 새로운 보험 상품이 나왔다고 들었습니다. 일년 이자가 은행 금리보다 더 높다면서요.

여: 네, 이 보험은 선생님 같은 어르신들에 적합합니다.

남: 잘 됐군요!

여성 화자가 근무하는 회사에서 새로운 보험상품을 출시했다고 했으므로 여성이 보험회사에서 근무한다는 사실을 유추할 수 있다. 따라서 정답은 B이다.

23. 남자는 몇 시 비행기를 예약하기로 했는가? 정답: C

남: 여보세요, 저는 내일 베이징(北京)으로 가는 비행기표를 예약하려 합니다. 오전 11시 항공편이 있나요?

여: 내일 오전 11시에는 없습니다. 30분 일찍 괜찮으신가요?

남: 그렇게 하겠습니다.

오전 11시에서 30분 앞당기기로 했으므로 정답은 C10시 30분이다.

24. 두 번째 달의 매출액은 얼마인가?
　　　정답: B
여: 뭇 사장님, 이것이 저희 회사 최근 몇 달
　　간의 매출 상황입니다.
남: 첫 번째 달에는 100만 위안이었고, 두 번 째
　　달에는 5% 증가했군요. 훌륭합니다!
여: 칭찬해주셔서 감사합니다.
　　첫 번째 달의 첫 번째 달에는 100만 위안
이었고, 두 번째 달에는 5% 증가했다고 했으
므로, 증가 후 매출액은 B105만 위안이 되어
야 한다.

25. 두 사람은 어떤 관계인가?　정답: B
남: 안녕하세요, 이것이 저의 이력서입니다.
여: 왜 우리 방송국에 지원하셨나요?
남: 저는 뉴스업무에 관심이 있고, 고생도 마
　　다하지 않습니다. 게다가 협동심도 있습
　　니다.
　　여성이 '왜 우리 방송국에 지원했는지' 이유
를 물었으므로 지문이 응시자와 채용회사 대
표의 대화임을 알 수 있다. 따라서 정답은 B
이다.

26. 남자는 조립식 컴퓨터를 어떻게 생각하는
　　　가?　정답: A
남: 당신은 어떤 컴퓨터를 좋아하나요?
여: 조립식입니다. 당신은요?
남: 저는 완성품이 좋습니다. 가격이 비싸기는
　　하지만, 품질이 더 좋으니까요.
　　남자는 완성품 컴퓨터가 조립식 컴퓨터보다
가격은 조금 비싸지만 품질은 훨씬 좋다고 말
하고 있다. 다시 말해, 조립식 컴퓨터의 가격
이 조금 저렴하지만 품질은 떨어진다는 뜻이
다. 따라서 정답은 A'가격은 저렴하지만 품질
은 완성품보다 못하다'가 되어야 한다.

27. 대화에서 우리는 무엇을 알 수 있는가?
　　　정답: D
남: 小李가 해고되었다면서요? 어떻게 된 건
　　가요?
여: 항상 매출 업무를 해내지 못 했으니 사장
　　님이 싫어할 수밖에요.
남: 요즘 부동산 판매가 정말 어렵긴 어렵군요.

小李가 해고되었다고 했으므로 정답은 D가
된다. 항상 맡은 업무를 다 해내지 못했다고
했으므로 A'小李가 일을 잘 한다'는 정답이
될 수 없고, 사장이 마음에 들어 하지 않는다
고 했으므로 B'사장이 小李에 대해 만족스러
워한다'도 정답이 아니다. 또, 현재 부동산 판
매가 어렵다고 했으므로 C'현재 부동산 판매
가 비교적 쉽다' 역시 정답이 될 수 없다.

28. 남자가 어떤 방을 선택하겠는가?
　　　정답: D
여: 스탠더드 룸(트윈 룸)은 하룻밤에 200위
　　안입니다.
남: 좀 비싸네요, 저는 저렴한 방을 원합니다.
여: 트리플 룸(3인실)이 좀 저렴합니다. 1인당
　　50위안 이예요.
　　남자는 스탠더드 룸이 조금 비싸다고 생각
하므로 트리플 룸(3인실)을 선택할 것이다. 1
인당 50위안이므로 트리플 룸은 150위안이
다. 따라서 정답은 D150위안 트리플 룸이다.

29. 남자는 언제 사장님에게 업무보고를 할 것
　　　인가? 정답: D
남: 楊비서, 제가 사장님께 업무 상황을 보고
　　드리려 합니다. 스케줄 좀 잡아주시겠어요?
여: 오늘은 시간이 없으십니다. 내일은 오전 9
　　시 반~11시에 회의에 참석하시고 낮 12
　　시에 점심 식사를 하신 뒤 北京에 가실
　　겁니다. 중간에 1시간 밖에 시간이 없으
　　시네요.
남: 그러면, 그렇게 스케줄 짜주십시오.
　　스케줄이 다 찼다는 것은 다른 일을 할 수
있는 여가가 없다는 뜻이다. 그러므로 사장은
오늘은 시간이 없으며, 내일은 오전 9시 반에
서 11시까지 회의를 하고 12시에 점심을 먹
은 뒤 베이징으로 떠나게 된다. 11시에서 12
시 사이에 1시간의 여유가 있으므로 정답은
D이다.

30. 두 사람은 어떤 관계겠는가?　정답: A
남: 우리의 이번 협력을 위하여 건배합시다!
여: 건배! 張사장님이 향후 다시 투자해주시길
　　바랍니다.

남: 꼭 그렇게 하겠습니다!

　'성공적인 협력', '향후 다시 투자하다' 등을 통해 두 사람은 경제적인 협력 파트너라는 사실을 알 수 있다. 따라서 정답은 A'사업 동반자'가 되어야 한다.

31. 남자는 주식 투자에 어떤 태도를 보이는가? 정답: B

남: 최근 중국의 주식시장이 어떻습니까?

여: 최근에 저는 주식투자로 돈을 많이 벌었지만, 많은 사람들은 손해를 보았습니다.

남: 주식투자 리스크가 아직도 크군요!

　남자가 '리스크가 크다'고 말한 사실을 통해 그가 주식투자 리스크를 우려하고 있음을 알 수 있다. 따라서 정답은 B가 되어야 한다.

32. 그들은 자동차 구입을 어떻게 생각하는가? 정답: C

여: 많은 동료들이 모두 자동차를 샀어요. 우리도 생각해봐요.

남: 안돼요, 우리도 남들을 따라 차를 사서는 안돼요. 지금 자동차를 살 수는 있지만 차량 유지가 힘드니까요.

여: 그렇긴 해요.

　남들을 따라차를 살 수는 없다고 했으므로 다른 사람들처럼 차를 사지는 않을 것임을 알 수 있다. 따라서 D는 정답이 될 수 없다. '살 수는 있다'고 했기 때문에 차를 살 돈이 없다거나 차 값이 너무 비싸다는 의미는 아니다. 그러므로 A와 B 모두 정답으로 적합하지 않다. '차량 유지가 힘들다'는 사실을 통해 유지용이 상당히 많이 든다는 사실을 알 수 있다. 따라서 정답은 C가 된다.

Part 3

설명: 33-42번 문제에서는 몇 개의 비교적 긴 대화나 연설 내용을 듣게 됩니다. 모든 문제는 한 번씩만 들려드립니다. 방송을 들으면서 문제지의 문제에 따라 ABCD 4개의 보기 중 가장 적절한 것을 고르십시오. 답안은 답안지에 작성하시기 바랍니다. 그러면 지금부터 33번부터 35번까지 문제를 풀겠습니다

33-35

33. 久明레스토랑의 현재 상황은 어떠한가?

34. 久明레스토랑 사장에 관해 대화에서 어떤 내용을 언급하고 있는가?

35. 다음 중 무엇이 久明레스토랑만의 특색 있는 서비스인가?

위의 세 문제는 다음 대화 내용과 관련된 것입니다.

남: 최근 久明레스토랑이 아주 잘 된다면서요!

여: 비즈니스 센서에서 레스토랑을 경영하려면 당연히 특색 있는 서비스로 손님을 매료시켜야죠. 중국 전통의 간단한 음식 외에 특별한 서비스를 아주 많이 선보였습니다. 상당히 세심하게 고려를 했더군요.

남: 어떤 서비스인데요?

여: 예를 들면 외국 파티쉐를 초빙하고, 비즈니스 세트메뉴의 종류를 늘리고, 월별 배달 서비스를 제공한 것 등이 있지요.

남: 이 음식점 사장님이 처음 레스토랑을 개업했을 당시에는 별로였다고 하던데, 이번에는 어떻게 성공하게 되신 거죠?

여: 지난 번 레스토랑은 위치가 좋지 않았어요. 이윤이 남지 않았을 뿐 아니라, 30여 만 위안의 적자를 보았습니다. 그 후 사장님이 경영전략을 바꾸면서 비로소 사업이 잘 되게 되었어요.

33. 정답: D

　문제는 현재 상황을 묻고 있다. '최근 久明레스토랑이 잘 되고 있다'라고 했으므로 A는 정답이 될 수 없다. '지난 번 레스토랑은 위치가 좋지 않았다', '30여 만 위안의 적자를 보았다'는 말을 통해 B'위치가 좋지 않다'와 C'손해를 많이 보았다'는 현재 상황이 아님을 알 수 있다. D'여러 가지 특색 있는 서비스를 제공한다'만이 사실에 부합하므로 D가 정답이다.

34. 정답: A

　'지난 번에는…… 손해를 보았지만, 나중에…… 이번에는 사업이 잘 되게 되었다'는 여성의 마지막 말을 통해 사장이 처음 레스토랑을 연 것이 아님을 알 수 있다. 따라서 B는

틀렸다. 남자가 맨 처음에 '레스토랑이 잘 된다면서요'라고 했으므로 C'고객을 어떻게 유치해야 할지 모른다'도 사실과 다르다는 것을 알 수 있다. 사장은 지난번에 30여 만 위안을 손해 보았다가 이번에는 사업이 잘 되고 있다고 했다. 그러나 지문에서 그가 얼마나 돈을 벌었는지 언급하지 않았으므로 D'30여 만 위안을 벌었다'는 근거가 없는 말이다. 따라서 久明레스토랑의 사장에 관하여, A'비즈니스 센터에서 레스토랑을 경영하고 있다'는 사실만 확인할 수 있다.

35. 정답: C

문제 지문에 따르면 사장은 중국의 유명한 요리사를 초빙한 것이 아니라 외국 파티쉐를 초빙한 것이므로 A는 틀렸다. 또, 외국 요리사를 채용한 것도 아니므로 B'각종 서양식 연회석을 마련했다'는 것도 틀렸다. 외국 파티쉐는 외국 디저트를 만들기 때문에 C간단한 음식의 종류가 증가했다'는 맞는 말이다. '비즈니스세트 종류가 증가했다'는 것은 이미 비즈니스 세트가 있다는 것을 의미하므로 D'비즈니스세트를 선보였다'는 사실이 아니다.

36-38

36. 베이징 국제 모터쇼에 관하여 다음 중 맞는 내용은 무엇인가?
37. 이번 모터쇼에는 얼마나 많은 자동차 제조업체가 참가했나?
38. 모터쇼에서 가장 많이 판매된 차종은 무엇인가?

위의 세 문제는 다음 소식과 관련된 것입니다.

제 5회 베이징 국제 모터쇼가 오늘 폐막했습니다. 모터쇼는 7일 동안 열렸으며 전세계 1,600여 개의 자동차 제조업체가 참가했습니다. 관람객 수는 41만 명에 달했으며, 티켓 수입만 해도 1,000만 위안을 웃돌아 모터쇼 탄생 이래 가장 높은 기록을 세웠습니다. 모터쇼에서 에너지 절약형 소형 세단이 많은 이들의 주목을 끌었으며, 젊은 층은 특히 지프차의 디자인을 주목했습니다. 비즈니스 차량

의 기능도 관람객들이 관심을 보였던 부분이었습니다. 많은 자동차들이 전시대에서 내려오기도 전에 주문이 쏟아졌고, 특히 일부 대형 세단의 경우, 모터쇼가 끝났을 때 100만 위안 이상의 대형 세단은 30대나 되는 예약주문을 받았다고 합니다.

36. 정답: D

'오늘 개막했다'고 했으므로 A아직 시작하지 않았다, B지금 열리고 있다, C곧 끝나려 한다는 모두 사실과 맞지 않는다. 정답은 D이미 끝났다가 되어야 한다.

37. 정답: D

지문에서 1,600여 개의 자동차 제조업체가 참가했다고 했으므로 A 1,000곳, B 1,000여 곳, C 1,600곳은 모두 정답이 될 수 없다. D 1,600곳 이상이 정답이다.

38. 정답: B

문제는 가장 잘 판매되는 차종은 무엇인지 묻고 있다. A중형 세단은 많은 이들의 주목을 끌었고, C비즈니스 차량은 사람들이 관심을 가졌던 차종이었다. 또, D의 지프차는 젊은이들이 특히 주목했던 차종이었다. 그렇기 때문에 A, C, D가 잘 판매되는 차종은 아니다.

39-42

39. 오늘 토론한 주제는 중국 경제의 어떤 분야에 관한 것인가?
40. 중국 경제의 발전에 대한 洪교수의 견해는 무엇인가?
41. 중국 경제 발전이 세계에 미치는 영향은?
42. 자유무역협정에 관해 다음 중 어느 것이 옳은 것인가?

위의 네 문제는 다음 인터뷰 내용에 관한 것입니다.

사회자: 시청자 여러분 안녕하십니까? 중국을 주목합니다, 경제를 주목합니다, '중국경제관찰'을 시청해주셔서 감사합니다. 오늘 우리는 '중국 경제 발전이

세계에 미치는 영향'이라는 주제로 토론해 보겠습니다. 우선 특별 초대손님이신 저명한 경제학자 洪志国 교수님을 여러분께 소개합니다. 洪교수님, 안녕하십니까? 저희 프로그램에 출연해 주셔서 감사드립니다.

洪교수: 사회자님 안녕하십니까? 시청자 여러분 안녕하십니까?

사회자: 최근 들어 중국 경제 발전이 전 세계의 주목을 받고 있습니다. 洪교수님, 시청자 여러분께 이 같은 상황을 설명해주시죠.

洪교수: 1989년부터 2001년까지 중국의 GDP가 연평균 9.3% 증가하면서, 중국은 세계에서 가장 빠르게 발전하는 국가가 되었습니다. 중국의 경제력이 점점 더 강해지고 있으며 중국 경제는 마치 고속 운행하는 기차처럼 하루에 천리를 달리고 있습니다. 이 기차로 인해 우리는 글로벌화된 거대한 세계 시장과 대면하게 되었을 뿐 아니라, 복잡한 경쟁과 협력을 하게 되었습니다.

사회자: 중국 경제의 발전을 다른 국가들은 어떻게 보고 있습니까? 이들에게 중국 경제의 발전은 기회입니까, 아니면 도전입니까? 중국은 이들의 협력 동반자입니까, 아니면 경쟁자입니까?

洪교수: 중국은 세계로 나아가고 있으며, 세계 역시 중국과 가까워지고 있습니다. 다른 나라들에게 중국은 거대한 시장입니다. 이들은 중국에서 보기 드문 비즈니스 기회를 많이 확보할 수 있습니다. 협력의 기회를 거머쥐는 나라가 새로운 경쟁에서 살아남을 수 있지요.

사회자: 그러니까 경쟁하면서 협력하고, 협력하면서 경쟁한다는 말씀이시군요. 아시아에서 중국의 경제 발전은 아시아 각국에, 특히 몇몇 주요주변국의 경제에 어떤 영향을 주게 될까요?

洪교수: 중국의 경제 발전이 전 세계에게는 기회입니다. 특히 아시아 국가들에게는 도전보다 기회가 더 많을 것입니다.

사회자: 洪교수님, 중국과 동남아 각국의 경제

관계는 어떻습니까?

洪교수: 중국의 발전은 이미 동남아 국가들의 사고방식을 바꾸어 놓았습니다. 중국과의 협력을 강화하기 위해 아세안(ASEAN), 즉 동아시아협력기구는 중국과 호혜협력의 자유무역협정을 체결하고자 합니다. 이 협정은 2010년에 발효될 것이며, 향후 중국과 동남아시아 국가의 협력에 상당히 큰 영향을 미치게 될 것입니다.

39. 정답: B

사회자가 '오늘 우리는 <중국 경제 발전이 세계에 미치는 영향>이라는 주제로 토론해보겠습니다'라고 했으므로 B가 정확한 답이다.

40. 정답: A

洪교수는 중국의 GDP가 '연 평균' 9.3% 성장했다고 했다. 이는 매년 9.3%로 성장했다는 것을 의미하지는 않기 때문에 C는 틀린 것이다. GDP 증가 속도는 경제 성장 속도와 다르기 때문에 D도 맞는 내용이 아니다. 洪교수는 '중국 경제가 …… 거대한 세계 시장에 진출하게 되었다'고 했으므로 이미 시장에 진출한 것이지 '곧 진출할' 것이 아니다. 그래서 B도 정답이 아니다. A'경쟁과 협력이 더욱 복잡해질 것이다'는 洪교수가 말한 '복잡한 경쟁과 협력으로 인해 복잡한 경쟁과 협력을 하게 되었음'을 의미하므로 적절한 답이다.

41. 정답: C

洪교수가 말하는 '거대한 시장'과 '보기 드문 비즈니스 기회를 많이 확보할 수 있는 것'는 경쟁 과정에서 발생하는 발전의 기회를 가리킨다. 중요한 것은 '새로운 경쟁에서 승리하는 것'이며, 사회자가 내린 결론처럼 '경쟁하면서 협력하고 협력하면서 경쟁해야'한다는 것이다. 그러므로 A와 B는 어느 한 쪽만 강조한 것이므로 가장 적절한 답은 아니다. 洪교수가 '특히 아시아 국가에게는 도전보다 기회가 더 많을 것'이라고 말한 것도 C'특히 아시아 국가의 경제 발전을 촉진한다는 의의가 있다'와 일맥상통한다. D는 洪교수가 말한 내용과 다르다.

42. 정답: D

洪교수는 '…… 자유무역협정을 체결하려 한다'라고 했을 뿐 구체적인 체결 시기는 언급하지 않았으므로 A와 C는 근거가 없다. 洪교수는 '이 협정이 2010년에 발효될 것'이라고 했으므로 B는 틀린 것이고 D가 정답이다.

Part 4

설명: 43번부터 50번 문제에서는 몇 개의 대화나 강연 내용을 듣게 됩니다. 모든 문제는 한 번씩만 들려드립니다. 방송을 들으면서 빈칸에 숫자나 중국어를 써 넣으십시오.

예: 문제지 나와 있는 王剛의 간략한 상황을 보면, 그 중 연령과 직업란은 비어있고 문제 번호가 적혀있습니다. 당신은 다음 방송 내용을 듣게 됩니다.
남: 저는 王剛입니다. 올해로 (46)24세이며 남방공업대학(南方工业大学)을 졸업했습니다. 전공은 (47)컴퓨터입니다.

46번 문제에 24를, 47번 문제에 计算机(컴퓨터)라고 적으십시오. 답안은 답안지에 작성하십시오. 그럼, 지금부터 43번~45번을 풀겠습니다.

43번~45번까지는 어떤 직원이 전화로 시장을 조사하는 내용입니다. 다음은 전화내용입니다.

샴푸에 관한 전화 설문조사

조사 기관	광저우(广州)일용화학공사
조사 목적	(43)＿＿＿＿ 개발
소비자가 선호하는 향기	(44)＿＿＿＿
소비자가 선호하는 포장	(45)＿＿＿ 형

여: (전화벨이 울린다) 여보세요, 안녕하세요!
남: 안녕하세요! 저는 광저우생활용품회사(广州日用化学品公司)의 시장조사부 직원입니다. 신상품을 개발하기 위해 전화 설문조사로 고객님께서 어떤 향의 샴푸를 좋아하시는지 알아보고자 전화 드렸습니다.
여: 좋습니다, 말씀하세요.
남: 어떤 향의 샴푸를 좋아하십니까?
여: 시트러스향은 너무 흔하고, 민트향은 너무 자극적이더라고요. 그린티가 제일 잘 맞는 것 같아요.
남: 제품 포장에 대해 어떻게 생각하십니까?

여: 기존의 병은 각이 지거나 아니면 둥근 형태인데, 동물 모양으로 만들면 더 좋겠어요!
남: 좋은 의견 감사합니다. 저의 조사에 응해 주셔서 감사합니다.

43. 정답: 新商品

남자가 '신상품을 개발하기 위해 저희가……'라고 말한 부분이 조사목적에 해당하므로 '新商品'이라고 써야 한다.

44. 정답: 绿茶

여자가 '그린티가 제일 잘 맞는 것 같다'고 말했으므로 그가 그린티향을 좋아한다는 사실을 알 수 있다. 따라서 '绿茶'라고 써야 한다.

45. 정답: 动物

여자는 '동물 모양이면 좋겠어요'라고 말한 것은 동물 모양의 병이면 좋겠다는 뜻이므로 '动物'이라고 써야 한다.

46번~47번까지는 여직원이 사장님에게 업무보고를 하는 내용입니다. 다음은 그들의 대화 내용입니다.

여자: 신문 기사에 따르면 따화(大华)와 쓰커(斯科) 두 회사가 한 회사로 (46)＿＿＿＿ 될 것이라고 합니다.
사장: (47)＿＿＿＿ 을 바꿔서 그들과 가격협상 하는 방안을 고려해야겠군요.

여: 사장님, 최근 업무 동향에 대해 보고 드리겠습니다.
남: 좋습니다, 간략하게 말씀하세요.
여: 최근 우리 회사는 따화(大华), 쓰커(斯科)와 원료구매 협상을 하고 있었습니다. 그런데 오늘 신문에 뜻밖에 이들 두 회사가 합병될 것이라는 기사가 실렸습니다.
남: 이 소식을 들은 적이 있습니다. 하지만 합병할 것이라고 믿지 않았기 때문에 지난번 따화(大华)와의 협상에 당신을 파견했을 때 이 일을 알리지 않았던 것입니다.
여: 만약 제가 좀 일찍 알았더라면 좋았을 텐데요.

남: 왜죠?

여: 저는 이 두 회사가 서로 경쟁하도록 해서 가격을 인하시키려고 했습니다. 그러나 이제 한 회사가 될 테니……

남: 현재로서는 다른 차원에서 그들과 가격협상 하는 방안을 고려해야겠군요.

46. 정답: 合并

　여자는 '이들 두 회사가 합병으로 될 것이다'라고 말했으므로 '合并'이라고 써야 한다.

47. 정답: 角度

　사장이 '현재로서는 다른 차원에서 그들과 가격협상 하는 방안을 고려해야겠군요'라고 했으므로 '角度'라고 써야 한다.

48번~50번까지 인력수급에 관한 내용을 듣게 됩니다.

인력수급 전반 상황: 인력수급의 (48)_____ 갈등이 여전히 매우 심각합니다.

채용회사에서 가장 필요로 하는 직위:	구직자가 가장 선호하는 직위:
1. 컴퓨터 프로그래머	1. 회계사
2. (49)_____	2. (50)_____
3. 생산감독관	3. 기계 엔지니어

　올해 상반기 '인재수급정보'의 통계 데이터에 따르면, 인력수급의 구조적인 문제가 여전히 심각하다고 한다. 통계에 따르면, 채용회사에서 가장 필요로 하는 인재는 1위부터 3위까지가 컴퓨터 프로그래머, 전기 엔지니어, 생산감독관 순으로 나타난 반면, 구직자가 선호하는 1위에서 3위까지의 직업은 회계사, 비서, 기계 엔지니어로 집계되었다. 인력수급의 구조적 문제는 현재 교육이 시장의 수요를 충족시켜주지 못 하고 있는 상황을 보여주고 있으며, 구직자의 심리와 시장 수요의 관계를 조정할 필요가 있다는 점도 시사한다.

48. 정답: 结构性

　'인력수급의 구조적인 문제가 여전히 심각하다'고 했으므로 '结构性'이라고 써야 한다.

49. 정답: 电子

　'채용회사에서 가장 필요로 하는 인재는 1위부터 3위까지가 …… 전기 엔지니어 …… 순으로 나타났다'고 했으므로 '电子'라고 써야 한다.

50. 정답: 秘书

　'구직자가 선호하는 1위부터 3위까지의 직업은 …… 비서……'라고 했기 때문에 '秘书'라 써야 한다.

듣기 평가가 모두 끝났습니다

모의시험 2회

2. 독해

Part 1

설명: 51번부터 72번까지 모든 단락의 글 뒤에 몇 개의 문제가 제시됩니다. 가장 적절한 답안을 선택하십시오. 답안은 답안지에 작성하시기 바랍니다.

51.

인터넷 가입자 인구통계

인터넷 이용 방식	단위	올해 고객 수	작년 고객 수
인터넷 카드	만 가구	5098.7	5653.1
인터넷 전용선	만 가구	8.2	6.9
광대역 접속	만 가구	2172.4	1014.8

51. 어떤 방식으로 인터넷을 이용하는 사람들이 줄어들고 있는가? 정답: A

A. 인터넷 카드 접속

B. 인터넷 전용선 접속

C. 광대역 인터넷 접속

D. 모바일 접속

인터넷 접속 방식마다 이용 네티즌 수가 늘어나는 것도, 줄어드는 것도 있다. 그 중 인터넷 카드 이용 네티즌 수가 작년의 5,653만1천 명에서 5,098만7천 명으로 줄어들었다. 따라서 A'인터넷 카드 이용 접속'이 정답이다. B'전용선 접속'은 줄어들지 않고, 작년의 6만9천 명에서 올해 8만2천 명까지 늘어났다. C'광대역 접속'도 작년의 1,014만8천 명에서 올해 2,172만4천 명으로 늘어났다. 따라서 B, C 모두 정답이 아니다. D'모바일 접속'은 통계에 집계되지 않았으므로 역시 정확한 답이 아니다.

52.

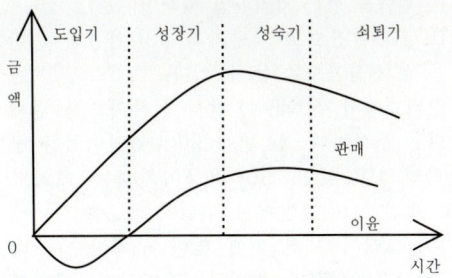

제품의 생명주기(life cycle)

52. 어느 단계에서 판매량이 증가하고 이윤이 늘어나는가? 정답: B

A. 도입기   B. 성장기

C. 성숙기   D. 쇠퇴기

성장기에 있는 판매량 곡선과 이윤곡선만 상승추세를 보이고 있기 때문에 판매량과 증가하고 이윤이 늘어난다는 것이 어느 단계인지 묻는 질문의 답에 해당한다. 따라서 정답은 B성장기이다. A도입기의 판매량 곡선은 상승했고, 이윤 곡선은 처음에는 떨어지다가 나중에 상승했다. C성숙기의 판매량 곡선과 이윤 곡선은 모두 오르다가 나중에 떨어졌다. D 쇠퇴기의 판매량 곡선과 이윤 곡선은 모두 떨어지는 추세를 보였다. A, C, D 모두 정답이 아니다.

53.

~※~할인사이트 BBS www.youhui.com ~※~

할인소식

저희 사이트에서는 차이나 모바일/차이나 유니콤 휴대폰 충전식 선불카드를 판매하고 있습니다. 카드는 액면가격에 따라 300, 100, 50위안 이렇게 세 종류가 있습니다.

한 번에 액면 가격 5000위안 이상 구입하시는 분은 10% 할인되는 도매가격에 이용하실 수 있습니다.

소량구매도 할인 받으실 수 있습니다. 구매 시 액면 가격이 500위안이면 5% 할인해드리며, 100위안이면 2% 할인해드립니다.

~※~할인사이트 BBS www.youhui.com ~※~

53. 이 광고를 통해 우리는 무엇을 알 수 있는가? 정답: A

A. 한 번에 많이 구매할수록 더 큰 혜택을 누릴 수 있다.

B. 차이나 유니콤 카드를 구매하면 할인 받을 수 있다.

C. 얼마를 사든 가격할인 혜택이 있다.

D. 100위안으로 액면가격 980위안의 충전식 선불카드를 살 수 있다.

인터넷에서 휴대폰 충전식 선불카드를 판매한다는 소식이다. 한 번에 5000위안어치를 구매하면 10%할인, 500위안어치를 구매하면 5% 할인, 100위안어치 구입하면 2% 할인해 준다. 그래서 A'한 번에 많이 구매할수록 더 큰 혜택을 누릴 수 있다'는 정답이다. 차이나 모바일/차이나 유니콤 휴대폰 충전식 선불카드를 판매하고 있으므로 B '차이나 유니콤 카드를 구매하면 할인 받을 수 있다'는 사실이 아니다.

54.

刘清一, 금년도 대학 졸업생, 전공: 마케팅. 대학 영어 6급 자격증, 국가공인 컴퓨터 2급 자격증 취득. 합자회사에서 3개월 동안 인턴사원으로 활동하는 동안, 상사로부터 좋은 평가를 받았습니다. 전공 관련 업무나 일반 사무직에 종사하길 희망합니다. 저의 가장 큰 특징은 성실, 근면하며 배우는 것을 좋아하는 협동심의 소유자라는 점입니다. 저에게 면접시험에 응시할 수 있는 기회를 제공해주시길 바랍니다. 감사합니다.

연락인: 刘清一

전화: 13934601065

54. 구직자에 대한 설명으로 옳은 것은? 정답: C

A. 전공과 무관한 직업을 찾고 싶어하지 않는다.

B. 대학에서 시장경영을 공부했다.

C. 타인과 잘 협력할 수 있다.

D. 해외 관련 근무 경험이 있다.

본문에서는 두 가지 구직조건을 제시했다. 첫째, 전공과 관련이 있는 업무이어야 한다. 둘째, 일반 사무직이다. 따라서 A'전공과 무관한 일을 찾으려 한다'는 틀린 것이다. 이 사람의 전공은 '마켓팅'이므로 B'대학에서 시장경영을 공부했다'도 사실과 다르다. 구직자는 '합자회사에서 인턴근무를 한 적이 있다'고 했는데 이것을 해외 관련 근무라고 볼 수는 없으므로 D도 정답이 아니다. 그는 자신을 '단

체협동심의 소유자'라고 자신을 소개하고 있는데 C'사람들과 잘 협력할 수 있다'는 것과 일맥상통하므로 C가 가장 적절한 답이다.

55.

11월 23일 상장회사 공고

바이리(百利)전기 이사회에서 다음과 같은 결정이 있었습니다: 회사는 톈진시 바이리(百利)전기유한공사가 중국공상은행에서 1천만 위안을 대출받기 위해 담보를 제공하며 대출기한을 12개월로 설정하는데 동의했습니다. 이번 담보 계약이 발효된 뒤, 회사 및 지분보유 자회사의 대외 담보 총액은 5,280만 위안이 될 것입니다.

55. 이 공고를 통해 바이리(百利)전기에 관해 무엇을 알 수 있는가? 정답: B

A. 톈진의 자회사에 자금을 빌려주려 한다.

B. 톈진 자회사의 대출을 돕는다.

C. 대외 차관 금액이 5,280만 위안이다.

D. 기간만료 시 모든 차관금액을 갚는 것을 책임진다.

톈진의 자회사가 중국공상은행에서 대출을 받는데 바이리전기 본사가 담보를 제공하게 된다. 그러므로 A'톈진의 자회사에게 자금을 빌려준다'는 틀렸다. 대출을 책임지는 것은 톈진 자회사이므로 D'기간만료 시 모든 차관금액을 갚는 것을 책임진다'도 틀렸다. 본사가 담보를 제공해 톈진 자회사의 대출을 돕기로 했기 때문에 B는 맞는 것이다. 5,280만 위안은 바이리전기의 대외 담보총액이지 대출금액이 아니기 때문에 C외부에서 5,280만 위안을 대출받았다'는 틀린 것이다.

56.

협력 파트너를 모십니다.

본 지점은 시의 중심 상권에 위치하고 있습니다. 경영업무 범위를 확대하여 애니메이션 게임 시리즈 상품을 위탁 판매하고자 협력 투자 파트너를 모십니다. 관심 있으신 분은 서신이나 전화로 속히 연락 주시기 바랍니다. 협력 사업 내용에 대해 저희와 논의하실 수 있습니다.

"小伙伴(꼬마친구)"아동상점

담당자: 尉여사

전화: 13563159092

주소: 明阳市解放路 15号

우편번호: 233045

56. 이 지점은 무엇을 할 계획인가? 정답: D

A. 중심상권에서 임대사업을 하고자 한다.

B. 새로운 애니메이션 상품을 개발하려 한다.

C. 오락실을 합자 경영하려 한다.

D. 공동 투자자를 찾고 있다.

이 상점은 시의 상업 황금지대에 위치하고 있으며 경영업무 범위를 확대할 의향이 있으므로 A'중심상권에서 임대사업을 하고자 한다'는 사실에 해당하지 않는다. 이 상점은 B'애니메이션 신상품을 개발'하거나, C'오락실을 합작 경영'하려는 것이 아니라 애니메이션 게임상품을 위탁판매 하려 한다. 합작투자파트너는 D공동투자자를 의미한다.

57-58

다음 주(12월 3일-7일) 회사 주요 활동 일정

날짜	장소	내용	참가자
3일(월요일) 오전 9:00-11:30	회의실	내년 발전 계획 심의	사장 사무실 주임 시장부(책임자) 기술부(책임자)
5일(수요일) 10:00	접대실	정부구매 사찰단 접대	회사 경영진 각 부서 책임자
6일(목요일) 14:00-16:00	회의실	선진기술 강좌	사장 기술부(전체)
7일(금요일) 16:00-17:00	별도 배정	직원교육 관련 일정 진행	인사부

57. 컴퓨터 프로그래머는 언제 회의에 참석하게 되겠는가? 정답: C

A. 월요일   B. 수요일

C. 목요일   D. 금요일

제시된 표에 따르면 컴퓨터 프로그래머는 기술부 소속이다. 기술부가 참여해야 하는 회의는 월요일과 목요일에 열리므로 B, D는 정답이 될 수 없다. A월요일의 회의는 기술부의 책임자만 참석하므로 A 역시 정답이 아니다. 따라서 정답은 C이다.

58. 매스컴의 사장 인터뷰는 언제 가능하겠는가? 정답: D

A. 월요일, 수요일   B. 수요일, 목요일

C. 목요일, 금요일   D. 화요일, 금요일

제시된 표에 따르면 월요일, 수요일, 목요일의 회의는 사장이 참석해야 하는 회의이다. 그러므로 매스컴의 사장 인터뷰는 화요일, 금요일에 하는 것이 바람직하다.

59-60

기업사이트 콘텐츠 및 기업사이트 수량 통계

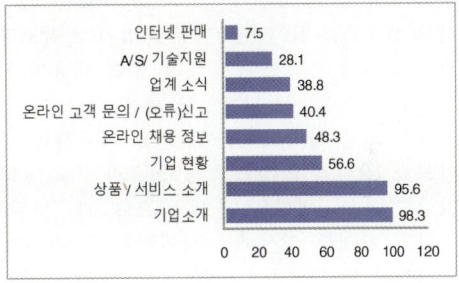

59. 거의 모든 기업은 자사의 인터넷 사이트에서 어떤 콘텐츠를 제공하고 있는가? 정답: D

A. 인터넷 판매

B. 고객 피드백 창구

C. 채용공고 소식

D. 기업 및 상품 소개

A인터넷 판매(온라인 판매)는 통계표에서 7.5%만 차지하고 B고객 피드백 창구(온라인 고객 문의/신고)는 40.4%만 차지하며, C온라인 채용정보도 48.3%만 차지하기 때문에 모든 기업이 다 제공하는 컨텐츠라고 볼 수 없다. D '기업 및 상품소개'만 거의 모든 기업들이 자사의 인터넷 사이에서 제공하는 정보라고 볼 수 있다.

60. 다음 중 어떤 내용이 도표의 상황에 부합하지 않는가? 정답: C

A. 40% 가량의 사이트에서 업계 소식, 문의, 채용공고 등의 정보를 제공한다.

B. 기업 현황은 업계 소식보다 더 중요시되고 있다.

C. 사이트의 주된 역할은 온라인 판매를 제공

하는 것이다.

　D. 고객과 직접 커뮤니케이션이 가능한 사이트는 절반이 채 되지 않는다.

　제시된 표에 따르면 업계 소식을 제공하는 사이트는 38.8%를 차지하고 문의정보(온라인 고객문의/신고)를 제공하는 사이트는 40.4%에 해당한다. 채용공고를 제공하는 사이트(온라인 채용정보)는 48.3%이다. 따라서 A40% 가량의 사이트에서 업계 소식, 문의, 채용과 관련된 정보를 제공한다는 것은 맞는 내용이다. 기업 현황을 소개하는 사이트가 56.6%이고 업계 소식을 전하는 사이트가 38.8%를 차지하고 있으므로 B '기업 현황이 업계 소식보다 더욱 중요시되고 있다' 역시 맞는 내용이다. '고객과 직접 커뮤니케이션 하는 사이트' 는 온라인 고객 문의/신고 서비스를 제공하는 사이트를 가리키는 것으로 40.4%를 차지하고 있으므로 D '절반도 되지 않는다' 도 맞다. 온라인 판매를 실시하는 사이트는 7.5%만을 차지하기 때문에 사이트의 '주된 역할'이라고 볼 수 없다. 따라서 C는 사실과 다르다.

61-62

　　가까운 시일 내에 '전자 상거래(e-commerce)' 잡지사에 정기구독을 신청하시면 다음 혜택을 누리실 수 있습니다.

　잡지10위안/권, 1년 12권, 120위안/1년

　1-30권 세트 구독 우대가격: 98위안/세트/년

　31-90권 세트 구독 25% 할인가격: 90위안/세트/년

　91-150권 세트 구독 30% 할인가격: 84위안/세트/년

　150권 이상 세트 구독 35%할인가격: 78위안/세트/년

　　잡지사를 통해 20세트 이상 구독 신청하시는 분께 스위스 아미 나이프, 혹은 상품권을 드릴 뿐 아니라, 저희 잡지사의 VIP 회원이 되실 수 있는 기회를 드립니다. VIP회원이 되시면, 잡지사가 준비한 전문 강좌를 무료로 수강하실 수 있습니다.

　구독신청 방식:

　1. 우편 구독신청

　2. 인터넷 구독신청

　3. 잡지사 구독신청

　4. 방문 구독신청

---

61. 어떻게 해야 증정품을 받을 수 있나?
　　정답: A

　A. 30권 세트의 잡지를 정기구독 한다.

　B. 12권 잡지를 모두 구매한다.

　C. VIP 회원이 된다.

　D. 인터넷에서 구독신청 한다.

　지문에서 '20세트 이상 구독 신청하시는 분께 스위스 아미 나이프, 혹은 상품권을 드릴 뿐 아니라……'라고 했으므로 A30권 세트의 잡지를 정기구독 하면 증정품을 받을 수 있다. B '12권 잡지를 모두 구매'하는 것은 한 세트만 구독하는 것이며, C 'VIP회원이 된다'는 것은 20세트 이상 구독한 결과에 해당하므로 둘 다 증정품을 받을 수 없다. 증정품을 받으려면 반드시 잡지사를 통해 구독 신청을 해야 하며, 인터넷으로 구독신청을 해서는 증정품을 받을 수 없다. 따라서 D도 정답이 될 수 없다. A가 가장 적절한 답이다.

62. 최대 할인된 가격을 이용할 수 있는 방법은? 정답: C

　A. 우편 구독신청을 이용한다.

　B. 인터넷으로 구독신청을 한다.

　C. 잡지사를 통해 구독신청 한다.

　D. 방문 구독신청을 이용한다.

　지문에 '가까운 시일 내에 <전자 상거래(e-commerce)>잡지사에 정기구독을 신청하시면 다음 혜택을 누리실 수 있습니다'라고 나와있으므로 C '잡지사 구독신청'을 선택해야 한다.

63-64

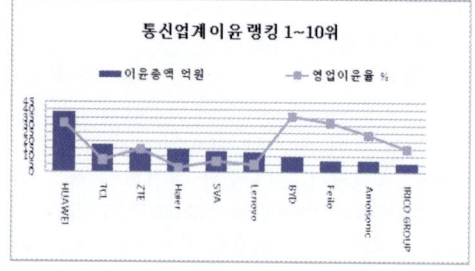

63. 어느 회사가 이윤 총액 규모 3위 안에 드는가? 정답: A

A. HUAWEI B. Feilo
C. Haier D. BYD

2003년 이윤 총액 순위에서 1~3위를 차지한 회사는 HUAWEI, TCL, ZTE이다. A, B, C, D 네 가지 보기 중 A'HUAWEI'만 해당된다.

64. 어떤 회사의 영업 이윤율이 15% 이하인가? 정답: C

A. HUAWEI B. Feilo
C. Haier D. BYD

A'HUAWEI', B'FEILO', D'BYD'의 이윤율은 모두 15%이상이다. C'Haier'의 이윤율만 15% 이하이므로 정답은 C이다.

65-68

현재 세분화된 관리 방식이 중요한 이유는 무엇인가? 많은 기업이 실패하는 원인 중 하나가 바로 세부사항 관리에 있기 때문이다. 사소한 부분이 성패를 결정짓는 경우가 셀 수 없을 만큼 많다.

상하이 지하철 1호선 설계는 겉보기에는 그다지 특별한 데가 없는 것 같다. 예를 들면 1호선은 모든 출구마다 모퉁이를 돌아나가도록 설계되었는데, 그럴 필요가 없어 보였다. 그래서 2호선이 생겼을 때 사람들은 출구를 직선으로 설계했다. 그러나 모퉁이를 돌아나가도록 하는 방식이 냉난방 시설의 에너지 절약을 도와 1호선의 유지 비용을 낮추었고, 사람들은 그제서야 1호선이 많은 부분에서 사실은 매우 세심한 배려를 했음을 알게 되었다.

1970년대 K-mart는 미국 유통업계의 거인이었다. 월마트(Wal-mart)는 K-mart와 같은 해 설립되었으며 당시 규모는 K-mart의 1/45에 지나지 않았다. 현재 K-mart는 파산했지만, 월마트는 오히려 세계 500대 기업 중 하나가 되었다. 유통업 시장에서 완전히 K-mart의 자리를 대신하기 되었다. 사소한 부분을 대하는 태도가 K-mart의 비극을 부른 것이다. 예를 들면, 월마트는 상품 경영에 전념하여 소매에 주력한 반면, K-mart는 백화점 이외에도 부동산, 금융 투자 등 여러 분야를 경영했다. 결론적으로 두 회사가 20여 개의 세부사항 관리에서 보인 차이가 판이한 두 회사의 운명을 결정지은 것이다.

세분화 관리를 강조하는 것은 중요한 현실적 의의가 있다. 큰일을 하려면 작은 일부터 시작해야 한다. 우리는 일을 '끝내는'데에만 신경을 쓰는데, 더욱 중요한 것은 전념하여 세심하게 처리하는 것이다. 일을 '잘 끝마치는' 것은 (단순히 일을 끝내기만 하는 것보다) 한 단계 더 높은 차원의 일이다. 현대 기업간의 경쟁은 바로 세분화의 경쟁 즉, 누가 작은 일까지도 더 완벽하게 할 수 있는가를 겨루는 것이다.

65. 상하이 지하철 1호선의 설계는 어떠한가? 정답: D

A. 그다지 특별한 것이 없다.
B. 일부 설계는 불필요하다.
C. 지하철이 역에 도착하는 곳에 모퉁이가 있다.
D. 직선으로 된 출구가 없다.

문제는 상하이 지하철 1호선의 설계가 어떤지 묻고 있다. '상하이 지하철 1호선 설계는 겉보기에는 그다지 특별한 데가 없는 것 같다'에서 '겉보기에는' 그다지 특별한 데가 없는 것처럼 보이는 것이므로 A는 정답이 아니다. '1호선은 모든 출구마다 모퉁이를 돌아나가도록 설계되었는데, 그럴 필요가 없어 보였다'에서도 '겉보기에' 그러했다는 것이므로 B'일부 설계는 불필요하다'는 것은 틀렸다. 1호선의 모든 출구가 모퉁이를 돌아 나가도록 설계되어 있는 것이지 C'지하철이 도착하는 곳에 모퉁이가 있는' 것은 아니다. '사람들이 출구를 직선으로 설계했다'는 2호선이 생긴 뒤이다. 따라서 지하철 1호선의 설계는 D'직선 출구가 없다'이다.

66. 월마트와 K-mart 는 어떤 부분에서 유사했는가? 정답: B

A. 경영 분야 B. 회사 설립 시기
C. 회사 규모 D. 발전 과정

문제는 '월마트가 K-mart와 어떤 부분에서 유사한지 묻고 있는 것이지 A'경영 분야'를 묻는 것이 아니다. 3번째 단락의 '월마트는 상품 경영에 주력하여 ……, K-mart는 여러 분야를 경영했다'는 두 회사의 경영 분야가 달랐음을 보여주고 있다. '월마트는 K-mart의 1/45'이라고 했으므로 C'회사규모' 역시 정답이 아니다. 'K-mart는 파산했지만 월마트는 세계 500대 기업이 되었다'고 했으므로 D'발전과정' 역시 정답이 아니다. '월마트는 K-mart와 같은 해에 설립되었으므로 B'설립시기'는 확실히 비슷하다.

67. 기업 관리 중, 일을 '끝마치는 것'과 '잘 끝마치는 것'의 관계는 무엇인가? 정답: A

A. 서로 다른 차원의 일이다.
B. 서로 다른 단계의 일이다.
C. 서로 다른 관점의 일이다.

D. 두 차례의 치열한 경쟁이다.

우리는 일을 '끝내는'데에만 신경쓴다. 하지만, 더욱 중요한 것은 전념하여 세심하게 일을 처리하는 것이다. 일을 '잘 끝마치는' 것은 (단순히 일을 끝내기만 하는 것보다) 한 단계 더 높은 차원의 일이다고 했으므로 '일을 끝마치는 것'과 '일을 잘 끝마치는 것'은 서로 다른 차원의 일이다.

68. 위 글에서 말하고자 하는 바는 무엇인가?

정답: D

A. 설계는 계획적으로 해야 한다.

B. 작은 일을 많이 해야 한다.

C. 기업을 경영하려면 여기에 전념해야 한다.

D. 세세한 부분의 중요성

상하이 지하철 1호선의 예는 A' 설계는 계획적으로 해야 한다'는 것을 보여주고 있으며, 월마트와 K-mart의 대비는 C'기업을 경영하려면 이에 전념해야 한다'는 것을 말해준다. 또, 큰 일을 하려면 작은 일부터 시작해야 한다 등의 분석을 통해 B'작은 일을 많이 해야 한다'는 메시지를 전달하고 있다. 그러나 전체 글의 주제는 '사소한 부분이 성패를 결정짓는다'이다. 두 번째 단락부터 여러 가지 사례들을 제시한 것은 모두 주제를 설명하기 위함이다. A, B, C는 다만 각각의 구체적인 사례에만 해당되는 내용이며, D'세세한 부분의 중요성'이 전체 글을 아우르는 주제이다.

69-72

```
받는 사람: dollywang@dongli.com
주제: 회사 소개
시간: 2007-1-21 10:22
王冬丽小姐：
    안녕하세요!
    귀사의 요청에 따라 지금부터 저희 클럽의 기
본적인 상황을 소개해드리겠습니다. 저희 클럽은
상하이시 베이징시루 338호에 자리 잡고 있습니
다. 현재 클럽에는 미국, 이탈리아, 상하이, 후난
(湖南) 등지에서 온 15명의 직원이 있습니다.
    梁亚郎 사장님은 미국인이며, 매우 풍부한 여
행도서 출판 및 판매 경험을 보유하고 계십니다.
1995년 사장님은 뉴욕의 'trip holiday'잡지사를
떠나 홍콩에서 자신의 마켓 컨설팅 회사를 설립
하셨습니다. 2002년 사장님은 다시 상하이로 가
서 Enjoy Shanghai클럽을 세우셨습니다.
```

```
    Enjoy Shanghai는 사실상 회원제 클럽입니다.
회원 가입 시 280위안을 지불하시면 특정 일련
번호가 새겨져 있는 회원 카드와 같은 일련번호
가 있는 우대 쿠폰북이 들어있는 선물함을 드립
니다.
    우대 쿠폰북 명칭은 'Enjoy Shanghai'이며, 그
안에 100여 개의 상하이 중, 고급 쇼핑센터의
쿠폰이 들어있습니다. 쿠폰북은 정가 280위안으
로 회비와 금액이 같습니다. 판매 현황이 매우
좋아서 6개월도 채 되지 않아 이미 5,000 여 권
이 판매되었습니다.
    클럽 서비스가 빠르게 상당히 발전하고 있습니
다. 저희 회사와 협력하는 기업이 계속 증가하여
현재 이미 200개에 달하게 되었습니다. 귀사가
저희 회사에 보여주신 관심에 감사드리며, 협력
할 수 있는 기회가 있기를 바랍니다.
    사업이 번창하시길 바랍니다.

张强
                        Enjoy Shanghai 클럽 홍보부
```

69. E-mail을 쓴 목적이 무엇인가? 정답: B

A. 잡지에 광고하기 위해

B. 회사의 상황을 소개하기 위해

C. 클럽에 가입하기 위해

D. 광고회사를 설립하려고

이 비즈니스 E-mail은 처음부터 '귀사의 요청에 따라 지금부터 저희 클럽의 기본적인 상황을 소개해드리겠습니다'라고 그 목적을 밝히고 있다. 따라서 이 E-mail을 쓴 목적은 B'회사의 상황을 소개하기 위해'이다.

70. 梁亚郎은 클럽과 어떻게 관계된 사람인가?

정답: A

A. 창업자   B. 사장

C. 재무 총감독관   D. 고문

'梁亚郎 사장님은…… 다시 상하이로 가서 'Enjoy Shanghai'클럽을 세우셨습니다'를 통해 梁亚郎 사장이 클럽의 '창업주'임을 알 수 있다. 그러므로 정답은 A이다.

71. 'Enjoy Shanghai'은 사실상 무엇인가?

정답: B

A. 회원제 클럽

B. 우대 쿠폰북

C. 고급 쇼핑센터

D. 레저 잡지

'우대 쿠폰북 명칭은 'Enjoy Shanghai'이다'

라고 밝히고 있으므로 정답은 B이다. 이 회원제 클럽의 이름 역시 'Enjoy Shanghai'이므로 A는 비슷해서 혼동하기 쉬운 보기이다(중국어에서 《 》는 책이름을 표시할 때 사용하므로, 문제는 《Enjoy Shanghai》라는 쿠폰북을 가리키고 있는 것이다). 쿠폰북 안에 100여 개의 상하이 중, 고급 쇼핑센터의 쿠폰이 들어있다'고 했을 뿐 'Enjoy Shanghai'가 C고급 쇼핑센터라는 것은 아니다. 梁亚郎사장이 예전에 근무했던 곳은 'Enjoy Shanghai'가 아니라 'trip holiday'잡지사였다. 그러므로 D 역시 사실과 다르다.

72. 우대 쿠폰북에 관해 다음 중 어느 것이 맞는가? 정답: C

 A. 무료로 많은 소비자들에게 제공된다.

 B. 뉴욕 잡지사에서 출판한다.

 C. 쿠폰북의 일련번호와 회원카드의 일련번호가 일치한다.

 D. 100여 개의 쇼핑센터에서 발행한다.

'쿠폰북은 정가 280위안으로 회비와 금액이 같다'고 했으므로 280위안의 회비를 내면 280위안의 쿠폰북을 받을 수 있다는 뜻이다. 그러나 이는 '가격이 같다'는 것이지, '무료로 제공한다'는 의미는 아니므로 A는 틀린 보기이다. 梁亚郎사장에 관해 '1995년 사장님은 뉴욕의 'trip holiday'잡지사를 떠나……'라고 했는데 쿠폰북이 이 잡지사에서 출판되는지 여부는 지문에 언급되지 않았다. 따라서 B '뉴욕 잡지사에서 출판한다' 역시 정답이 될 수 없다. '쿠폰북 안에 100여 개의 상하이 중, 고급 쇼핑센터의 쿠폰이 들어있다'고는 했지만 D'100여 개의 쇼핑센터에서 발행한다'고 말하지 않았으므로 D도 정답이 될 수 없다. 지문에서 '회원 가입 시 280위안을 지불하면 특정 일련번호가 새겨져 있는 회원 카드와 같은 일련번호가 있는 우대 쿠폰북을 제공한다'고 했으므로 C'쿠폰북의 일련번호와 회원카드의 일련번호와 일치한다'는 사실이다. 따라서 정답은 C가 된다.

Part 2

설명: 73번~84번까지 단락별로 몇 개의 빈 칸이 있으며 빈 칸의 오른쪽에 ABCD 네 개의 단어가 주어집니다. 가장 적절한 단어를 선택하여 답안지에 답을 기입하십시오.

73-78

국경절 이후 전자제품 소비 시장이 꽁꽁 얼어붙기 시작했다. 그러나 '하오러(好乐)' 회사의 소매시장 판매는 오히려 (73)이례적으로 열기를 띄어 시 전체 전자제품 판매 시장 (74)점유율이 60%에 달했다. 왜 이처럼 큰 (75)차이가 나타나는 것일까? 만약에 하오러(好乐)가 프로모션을 잘했기 때문이라고만 말한다면 이 현상을 (76)설명할 수 없을 것 같다. 왜냐하면 시장의 다른 가전제품 제조업체들의 판촉 광고도 그에 못지않았기 때문이다. 하오러(好乐)가 판매한 가전제품은 기술부문에서도 모두 가장 선진적인 것은 (77)아니었다. 그들 성공의 (78)핵심은 선진적인 경영이념 및 세심한 애프터 서비스였다.

73. 정답: B

 A. 정상적으로

 B. (일반적 상황과 달리) 이례적으로

 C. 그러나　　D. 종종, 일반적인

국경절 이후 전자제품 소비 시장이 꽁꽁 얼어붙기 시작했으므로 '하오러의 매출이……열기를 띄었다'는 것은 A정상적이거나 D일반적인 현상이 아니다. 따라서 B'(일반적 상황과 달리)이례적으로'가 정답이 될 수 있다. C'그러나'는 전환의 의미를 가진 접속사로 '可是火热(그러나 열기가 대단하다)'라고 할 수 없다. 可是는 但是 대신 사용할 수 있는 접속사이므로 C 역시 정답이 될 수 없다.

74. 정답: B

 A. 수량 B. (시장)점유율 C. 분량 D. 효율

'시 전체 전자제품 판매 시장의 60%를 차지한다'는 것은 시장 점유율을 알려주는 것일 뿐 이기 때문에 A수량, C분량, D효율은 빈 칸에 들어갈 수 없다. 따라서 정답은 B이다.

75. 정답: D

A. 잘못   B. 착오
C. 낙후되다, 뒤떨어지다   D. 차이
시장이 '꽁꽁 얼어붙은' 반면 하오러 회사의 매출은 오히려 '열기'를 띄었다. 지문에는 부끄럽다거나 창피하다는 의미가 내포되어 있지 않으므로 A'잘못', B'착오', C'낙후되었다'는 정답이 될 수 없다. D차이를 보인다고 해야 맞다.

76. 정답: C
A. 언급   B. 해결하다
C. 설명하다   D. 분석하다
이 글은 하오러의 판매가 이례적으로 열기를 띄는 원인에 대해 설명하고 있다. '시장의 다른 가전제품 제조업체들의 판촉 광고도 그에 못지 않았다'고 했으므로 하오러가 프로모션을 잘 한 것은 진짜 이유가 아니다. 따라서 빈 칸에는 C'설명하다'가 들어가야 한다. A'언급하다', B'해결하다', D'분석하다'는 모두 적절치 않다.

77. 정답: A
A. 모두~는 아니다.   B. 모두 ~가 아니다.
C. 모두, 전부   D. 아니다
'하오러의 전기제품이 판매에서 성공을 거두었으므로' 다음에 B'기술적으로 모두 가장 선진적인 것이 아니다'가 오면 말이 되지 않는다. D'기술적으로 가장 선진적인 것이 아니다' 역시 적합하지 않다. 따라서 B와 D는 정답이 될 수 없다. 만약 C'기술적으로 모두 가장 선진적이다'라고 한다면 이것이 중요한 '성공의 원인'이 되어야 한다. 따라서 C도 적절치 않다. A'모두 가장 선진적인 것은 아니다'가 가장 적절하다.

78. 정답: A
A. 관건, 핵심   B. 비밀
C. 결과   D. 조치, 대책
기업의 성공이 '경영이념'과 '애프터 서비스'에 의한 것이었다는 사실은 '비밀'이 아니므로 B는 적절치 않다. '경영이념'과 '애프터 서비스'는 '결과'가 아니라 성공할 수 있었던 '원인'이므로 C'결과'는 정답이 될 수 없다. '경영

이념'은 '조치'라고 할 수 없으므로 D도 정답이 아니다. 정답은 A'핵심, 관건'이다.

79-84
국산품과 수입품 중 어느 것이 소비자들이 지갑을 (79)더 잘 열게 만들 수 있을까? 상하이시 비즈니스 인포메이션센터가 최근 (80)발표한 조사 보고서는 2003년 상하이시 국산품 판매 수준이 수입품보다 높았다고 밝혔다. 조사에 따르면, 식품과 가전제품이라는 양대 부문에서 국산 브랜드의 (81)우세가 가장 뚜렷하게 나타났으며, 국산 브랜드가 차지하는 비중은 (82)각각 전체 판매량의 84%와 63%였다. 휴대전화 등 기술수준이 높은 영역에서 소비자가 수입 브랜드에 느끼는 (83)매력은 국산 브랜드보다 훨씬 컸다. 이들 소비품목은 젊은 소비자층을 주요 타깃으로 하고 있으며, 시장 (84)잠재력이 더 크고, 이윤 확보 영역도 훨씬 넓다.

79. 정답: D
A. 여전히 B. 다시 C. ~도, 역시 D. 더
지문에서는 국산 브랜드와 수출 브랜드를 비교하고 있다. D'국산품과 수입품 중 어느 것이 소비자들이 지갑을 더 잘 열게 만들 수 있을까'의 의미는 국산품과 수입품 모두 소비자가 지갑을 열게 만들 수 있겠지만 그 중 어느 것이 '더' 잘 열게 만들 수 있겠는가 이다. 따라서 D가 정답이다. A, B, C를 사용하면 국산품과 수입품이 또 다른 상품(예를 들면 합자회사의 상품)에 비해서 소비자들의 지갑을 더 잘 열 수 있다는 뜻이 되므로 지문의 뜻과 달라진다. 따라서 A, B, C는 정답으로 적절치 않다.

80. 정답: A
A. 발표하다   B. 선전하다, 홍보하다
C. 선언하다   D. 선포하다
다음 보기에서 '公布'는 공개적으로 발표한다는 뜻을 나타내고, '宣布'는 널리 알리기 위해 선언한다는 뜻을 나타내며, '公告'는 공개적으로 알린다는 뜻으로 의미상으로는 서로 비슷하다. 하지만 사용법은 각기 달라서 '发

布······消息/新闻', '宣布······一件事/一项决议', '公布······一份报告/成绩/名单'으로 쓰인다. 따라서 A'(상하이시 비즈니스 정보센터가 최근) 발표한 (조사 보고서)'가 정답이다. B와 C는 적절치 않다. '公告 (공고)'는 명사이기 때문에 '公告······报告'나 '公告的······报告'처럼 쓰일 수 없다. D 역시 정답이 아니다.

81. 정답: B

A. 장점 B. 우세 C. 판매량 D. 판로

지문에는 '국산 브랜드의 판매 수준이 수입품보다 높았다'고 명시되어 있으며 특히, '식품과 가전제품이라는 양대 부문에서······'라고 나와 있다. 이는 국산 브랜드와 수입 브랜드를 판매 측면에서 비교했다는 뜻이므로 빈 칸에는 B우세가 들어가야 한다. A장점을 넣는다면 판매가 아니라 품질을 가리키게 되므로 적절치 않다. C판매량과 D판로를 선택하게 되면 판매상황을 설명하는 것이 되는데 '판매량이 많다' '판로가 넓다'라고 하지 '판매량이 뚜렷하다' '판로가 뚜렷하다'라고 하지 않으므로 C와 D 역시 정답이 될 수 없다.

82. 정답: C

A. 합계 B. 모두 C. 각각 D. 평균

'식품과 가전제품이라는 양대 영역에서······국산 브랜드가 차지하는 비중'은 식품이 84%, 가전제품이 63%였다. 이는 각각 계산한 비율이므로 정답은 C'각각'이 되어야 한다. 그런데 A'합계', B'모두', D'평균'은 양대 영역의 국산 브랜드의 판매량을 합친다는 개념이다. 따라서 정답이 될 수 없다.

83. 정답: D

A. 호소력   B. 설득력
C. 구매력   D. 매력(흡인력)

수입 브랜드가 소비자들이 어떤 일을 하도록 호소할 수는 없기 때문에 A호소력은 정답이 아니다. 또한 소비자들이 무엇을 받아들이도록 설득할 수는 없으므로 B설득력 역시 적절치 않다. C구매력이란 소비자의 어떤 브랜드에 대한 구매력을 나타내는 것이므로 어떤 브랜드가 소비자에게 구매력을 발휘할 수는

없다. 따라서 구매력 역시 정답이 될 수 없다. 정답은 D매력(흡인력)이다.

84. 정답: B

A. 역량, 파워   B. 잠재력
C. 능력   D. 힘의 강약, 심도

'휴대전화 등 기술수준이 높은 영역에서 소비자가 수입 브랜드에 느끼는······ 젊은 소비자층을 주요 타깃으로 하고 있다'를 통해 정답은 B(시장) 잠재력(이 더 크다)이 된다는 것을 알 수 있다. A(시장의) 파워, C(시장의) 능력, D(시장의) 강약은 적절치 않으므로 정답이 될 수 없다.

Part 3

설명: 85-94번까지 ABCD 네 단락의 짧은 글을 읽고 어느 문제 혹은 어느 문장이 각각 어떤 글과 관련이 있는지 판단하십시오. 답안은 답안지에 작성하십시오.

85-89

다음 문제는 각각 어느 글과 관계가 있는지 확인하십시오.

85. 황금연휴 기간의 여행은 환경에 어떤 영향을 미치는가?

86. 전문가는 여행객에게 어떤 내용을 건의하고 있는가?

87. 올해 국경절 황금연휴 동안 관광지가 올린 수익은 얼마나 되나?

88. 11월 백화점의 판매 수입은 어떠한가?

89. 정부는 왜 황금연휴 계획을 실행했는가?

A
올해 국경절 7일 황금연휴 기간 중국 관광객 수가 1억 1백만 명(연인원)에 달했다. 이는 작년 동기대비 12.1% 증가한 것이다. 관광수입은 397억 위안으로 작년 동기대비 14.7% 늘어나 지금까지 황금연휴 중 최고치를 기록했다. 잠정 집계에 따르면, 황금연휴 기간에 베이징시내 공원을 방문한 관광객 수가 511만 명에 달하며, 이는 작년 동기대비 약 7% 증가한 것이라고 한다.

B
금년 국경절 황금연휴 기간에 전국 백화점의 총 매출액이 40억 9천만 위안에 달해 작년 동기대비 15.16% 증가했고, 순매출액은 39억 1천만 위안으로 동기대비 13.69% 늘어났다. 통계에 따르면, 5·1 노동절, 10·1 국경절과 설 연휴가 있는 달은 1년 중 전국 소비품목 총 매출액이 가장 많은 반면, 전 달과 다음 달은 매출액이 가장 적다고 한다.

C

　지나치게 많은 관광객의 방문으로 관광지가 훼손되었다. 생태환경이 취약한 서부 지역과 문화유산보호지역은 밀려드는 관광객을 더더욱 감당해낼 수 없었다. 전국휴일관광부조정회의 사무소에서 발표한 10·1 국경절 황금연휴 관광정보 안내에 따르면, 10월 3일 취푸(曲阜) 공자묘를 다녀간 관광객이 8만 2천 명(연인원)에 달해, 사정된 일일 관광객 수용인원의 37%를 초과하게 되었다. 또한 하룻동안 우전(乌镇)을 찾은 관광객이 2만 3천500만 명으로 규정 일일 관광객 수용인원의 135% 이상을 기록했다.

D

　관광업계가 상당한 수익을 올리고, 여행객들이 여행으로 지친 몸을 이끌고 새로운 한 주를 시작한 지금, 학자들도 몇 년 전 제정한 황금연휴제도에 대한 평가를 내놓기 시작했다. 중국 국내 관광시장을 활성화시키고 소비를 진작시키자는 본래 목적은 이미 달성한 반면, 수억 인구가 한꺼번에 이동하여 발생하는 문제점이 날로 심각해지고 있어, 정부가 황금연휴제도를 없애야 한다고 주장하고 있는 것이다. 이와 동시에, 전문가들은 관광객들이 성수기를 피해 여행하여, 비용을 낮추고, 더 큰 효과를 누릴 수 있도록 해야 한다고 지적했다. 또한 이를 통해 최종적으로 관광소비 구조 합리화를 실현해야 한다고 덧붙였다.

85. 정답: C

　C에서는 '지나치게 많은 관광객들의 방문으로 인해 관광지가 훼손되었다. 생태환경이 취약한 서부 지역과 문화유산보호지역은 밀려드는 관광객을 더더욱 감당해낼 수 없었다'고 했지만 A, B, D는 관광이 환경에 미치는 영향에 대한 내용이 없으므로 C가 정답이다.

86. 정답: D

　D에서는 '전문가들은 관광객들이 성수기를 피해 여행하여, 비용을 낮추고, 더 큰 효과를 누릴 수 있도록 해야 한다고 지적했다. 또한 '이를 통해 최종적으로 관광소비 구조 합리화를 실현해야 한다고 덧붙였다'는 내용이 나와 있다. 그러나 A, B, C에는 전문가들의 의견이 제시되지 않았으므로 정답은 D이다.

87. 정답: A

　A는 '중국 관광수입은 397억 위안으로……'라고 제시했지만 B, C, D는 관광지의 수입에 대해 언급하지 않았으므로 A가 정답이다.

88. 정답: B

　B를 보면 '5·1 노동절, 10·1 국경절과 설 연휴가 있는 달은 1년 중 전국 소비품목 총매출액이 가장 많은 반면, 전 달과 다음 달은 매출액이 가장 적다'는 내용이 나온다. 그러나 A, C, D에는 백화점의 수입상황에 대한 내용이 없다. 따라서 B가 유일한 정답이다.

89. 정답: D

　D에는 '몇 년 전 제정한 황금연휴제도의 중국 국내 관광시장을 활성화시키고 소비를 진작 시키자는 본래 목적이 이미 달성되었다'는 내용이 나와 있지만 A, B, C에는 정부가 실시한 황금연휴제도의 목적에 대한 내용이 없으므로 D가 정답이다.

90-94
다음 문장이 각각 어느 글과 관련이 있는지 답하십시오.

90. 성장 가능성의 부재는 전직(轉職)의 가장 중요한 원인이다.

91. 전직은 법에 규정된 권리이다.

92. 회사는 빈번하게 전직하는 직원을 반기지 않는다.

93. 원래 회사의 기밀을 다른 회사에 누설하면, '노동법'을 위반하게 된다.

94. 임금 인상을 위해 전직하겠다고 하는 것은 좋은 방법이 아니다.

A

직업을 선택하는 것은 노동법이 규정한 노동자의 기본 권리이다. 노동자는 사회의 부를 창조하는 동시에 자신의 가치를 실현한다. 직업을 바꾸거나 직장을 옮기는 것은 보편적인 사회현상이 되었으며 이를 티아오차오(跳槽:전직)라고 한다. 합법적인 전직은 반드시 다음 사항을 준수해야 한다. 1. 합법적으로 이전 직장과의 노동 계약을 해지한다. 2. 계약을 위반할 시 위반한 측은 반드시 관련 배상금을 지불해야 한다. 3. 보안의무를 이행한다.

B

현재 중국에서 직원들의 전직률이 특히 높다. 기업과 직원 모두가 전직을 바로 보기 위해서 '중국 인적자원 개발네트워크'는 최근 '직원 전직의 주요원인'이라는 조사를 실시했다. 조사 결과, '자아발전 가능성이 없어서'가 직원들이 회사를 떠나게 만드는 주요 원인인 것으로 나타났다. '급여 대우에 만족하지 않기 때문에'는 2번째로 중요한 이유로 밝혀졌다.

C

시먼(西门)은 상당히 높은 직원 충성도를 요구한다. 이 회사는 직원을 채용할 때 응시자의 경력을 체크하는데, 반 년 혹은 1년 마다 전직을 한 사람은 채용하지 않는다. 또한, 시먼(西门)은 직원의 성장을 중요시해서 직원의 장기 성장 가능성을 자세히 살펴보고 그들에게 많은 기회와 발전공간을 제공한다. 이를 통해 직원과 회사가 함께 성장하고자 한다. 시먼(西门)은 직원 인사이동에서 자발적 전직 비율이 가장 낮은 회사이다.

D

많은 사람들은 전직을 급여 인상을 위해 회사 측에 제시하는 수단으로 사용하고 있다. 직업 컨설턴트는 이 같은 행위가 개인에게는 매우 위험하다고 지적한다. 대부분의 조직 운영자는 전직의 뜻이 있는 사람을 만류하지 않을 것이기 때문이다. 회사 입장에서 보면, 전직 역시 정상적인 현상이며, 인적 자원을 가장 이상적으로 배분할 수 있는 방법이다. 그러나 당신이 급여 인상이라는 목표 실현을 위해 전직하겠다고 선언한다면 HR 책임자(인사관리 담당자)나 상사는 이를 받아들이기가 어려울 것이다. 설사 그들이 잠시 당신의 요구를 들어준다 할지라도 당신의 장기적인 발전에는 도움이 되지 않을 것이다.

90. 정답: B

B에서 "'개인의 성장 가능성이 없어서' 가 직원들이 결국 회사를 떠나기로 결정하는 주요 원인인 것으로 나타났다"는 것을 언급했지만 A, C, D에서는 전직의 원인에 대한 거론하지 않았으므로 B가 정답이다.

91. 정답: A

A에서는 '직업을 선택하는 것은 노동법이 규정한 노동자의 기본 권리이다'라고 했지만 B, C, D는 전직이 법에 명시된 권리인지에 관해 언급하지 않고 있다. 따라서 A가 정답이다.

92. 정답: C

C에서 '반 년 혹은 1년 마다 전직을 한 사람은 시먼에서 채용하지 않는다'고 했지만 A, B, D는 '회사는 빈번하게 전직하는 직원을 반기지 않는다'는 내용이 언급되어있지 않으므로 C가 유일한 정답이다.

93. 정답: A

A에서 '직업을 선택하는 것은 노동법이 규정한 노동자의 기본 권리이다…… 합법적인 전직은 반드시 다음 사항을 준수해야 한다…… 보안의무를 이행한다'고 했지만, B,

C, D에서는 전직과 관련된 법률문제를 다루지 않았다. 그러므로 A가 정답이다.

94. 정답: D

D의 지문에 '급여 인상이라는 목표 실현을 위해 전직하겠다고 선언한다면 HR책임자(인사관리 담당자)나 상사는 이를 받아들이기가 어려울 것이다. 설사 그들이 잠시 당신의 요구를 들어준다 할지라도 당신의 장기적인 발전에는 도움이 되지 않을 것이다'라고 나와 있다. 그러나 A, B, C 모두 급여 인상을 위해 전직을 선언하는 문제를 다루지 않고 있으므로 D만 정답이 될 수 있다.

Part 4

설명: 95-100번까지는 읽고 간략하게 답을 쓰는 문제입니다. 모든 문제의 답안은 10글자 이내로 답안지에 작성하십시오.

95-100

95. 어떤 유형의 기업의 시장 점유율과 업무 성장률이 모두 높은가?
96. 어떤 유형의 기업의 시장 점유율과 업무 성장률이 모두 낮은가?
97. '황소(bull)기업'의 시장 점유율은 무엇을 수반할 수 있나?
98. '스타(star)기업'이 투자를 늘린 목적은 무엇인가?
99. 빠르게 발전하고 있는 '유아(toddler)기업'은 어떤 경영전략을 실시해야 하는가?
100. '마른 개(thin dog)'의 투자 회수율은 어떠한가?

기업의 유형

각 기업의 경영 방식을 정할 때 기업의 시장 점유 상황과 업무 성장 상황을 고려해야 한다. 이 두 가지에 근거해 기업을 4개의 서로 다른 유형으로 분류할 수 있다.

'황소(bull)기업'의 특징은 시장 점유율이 비교적 높은 반면 업무 성장율은 낮다. 높은 시장 점유율은 높은 매출과 고액의 이윤을 수반한다. 반면 업무 성장율이 낮기 때문에 소규모로 투자하면 된다. 이처럼 '황소(bull)기업'은 기업에 많은 현금을 안겨줌으로써 기업의 전반 경영 기반을 다지고 새로운 성장점을 개척한다.

'스타(star)기업'의 시장 점유율과 업무 성장율이 모두 높은 편이다. 따라서 투입 자금과 산출 이윤의 규모가 모두 크다. 이 때 기업은 투자하기 가장 좋은 상태이므로 더 많은 시장 이윤을 확보하기 위해 필요한 투자를 늘리고 생산 규모를 확대해야 한다.

　'유아(toddler)기업'의 업무 성장율은 비교적 높으나 시장 점유율은 상당히 낮다. 빠른 성장속도 때문에 대규모 투자를 해야 하지만, 낮은 시장 점유율 때문에 소규모 현금 투자를 할 수 밖에 없다. 이제 막 성장하기 시작해 발전 추세가 양호한 영역에서 이 같은 특징을 보인다. 따라서 기업은 필요한 자금 투입을 늘림으로써 판매량을 확대시키고 시장 점유율을 향상시켜 스타 기업으로 거듭나야 한다. 기업 경영자가 판단하기에 계획된 기간 내에 스타 기업으로 성장할 수 없을 것 같다면, 투자 자금의 규모를 통제하거나 심지어는 정책을 포기해야 한다.

　'도그(dog)기업'의 특징은 시장 점유율과 업무 성장율이 모두 낮다는 것이다. 기업의 투자 회수율이 상당히 낮고 생산 능력과 시장에서 기업의 위치를 확보하는데 필요한 자금이 심지어 기업의 이윤을 초과해 마이너스 성장을 기록할 수 있다. 이러한 경영 상황이 좋지 않은 기업은 자금의 '블랙홀'이 될 수 있으므로 즉시 포기하는 것이 바람직하다.

95. 정답: "明星"企业

　세 번째 단락에서 ''스타'기업의 시장 점유율과 업무 성장율은 모두 높은 편이다'라고 했으므로 "明星"企业라고 써야 한다.

96. 정답: "瘦狗"企业

　다섯 번째 문단에서 ''도그'기업의 특징은 시장 점유율과 업무 성장률이 모두 낮다는 것이다'고 했으므로 "瘦狗"企业가 정답이다.

97. 정답: 高营业额和高额利润

　두 번째 단락의 ''황소(bull)기업'…… 높은 시장 점유율은 높은 매출과 고액의 이윤을 수반한다'를 통해서 高营业额和高额利润가 정답임을 알 수 있다.

98. 정답: 实现更多的市场利润

　세 번째 단락에서 '더 많은 시장 이윤을 확보하기 위해 필요한 투자를 늘리고 생산 규모를 확대해야 한다'고 했으므로 实现更多的市场利润이라고 써야 한다.

99. 정답: 增加必要的资金投入

　네 번째 단락의 '이제 막 성장하기 시작해 발전 추세가 양호한 영역에서 이 같은 특징을 보인다. 따라서 기업은 필요한 자금 투입을

늘려야 한다'를 참고하면 增加必要的资金投入를 써야 함을 알 수 있다.

100. 정답: 相当低（甚至出现负增长）

　다섯 번째 단락에서 ''도그(dog)'기업은…… 기업의 투자 회수율이 상당히 낮고, …… 심지어…… 마이너스 성장을 기록할 수도 있다'고 했으므로 相当低, 甚至出现负增长이 정답이다.

독해 평가가 모두 끝났습니다.

모의시험 2회
말하기 시험

시험지

주의사항
1. 말하기 시험은 두 문제로 되어있으며 10분 정도 소요됩니다.
2. 방송을 잘 듣고 방송의 감독관의 지시에 따라 질문에 대답하십시오.
3. 말하기 시험이 끝난 뒤, 녹음이 제대로 되었는지 확인하십시오.

문제1.

당신의 회사에서 기자회견을 하여 신상품을 광고하고자 합니다. 홍보부의 林燕부장에게 전화를 걸어 사전 회의에 참석하도록 하십시오. 다음 내용을 전달해야 합니다.
1. 시간: 9월 12일 (목요일) 오전 9:00
2. 장소: 회사 1호 회의실
3. 사회: 王立人 부사장
4. 참석자: 홍보부 부장 및 부부장, 영업부의 부장 및 부부장, 생산기술부의 부장 및 부부장.
5. 회의 내용:
   (1) 기자회견 순서를 상의한다.
   (2) 기자회견에 사용될 홍보자료에 대해 상의한다.

소요시간: 준비시간 1분 30초, 말하는 시간 1분

문제2.

당신은 시의 정보발표회에서 발언할 수 있는 기회를 얻게 되었습니다. 신상품과 새로운 서비스 프로젝트를 소개하게 될 것입니다. 이를 통해 한 프로젝트의 자금부분의 협력 파트너를 모색해야 하고 또 특허와 관련하여 투자자도 모집해야 합니다. 한 가지 측면을 골라 2분 동안 발표하십시오.

소요시간: 준비시간 2분30초, 말하는 시간 2분

모의시험 2회
작문

시험지

문제1.

당신은 회사의 비서입니다. 고객 대표단이 3일 후에 당신의 회사를 방문할 것입니다. 당신은 대표단에 E-mail을 보내 다음 내용을 알려야 합니다.
1. 환영의 뜻을 전달합니다.
2. 방문 일자와 항공편 및 도착 시간을 확인하고자 합니다.
3. 대표단에 방문자 직위, 방문 기간 거처에 대한 요구사항 및 방문자 명단을 보내줄 것을 요청합니다.

글자수: 100~150자.

문제2.

당신은 한 회사의 영업부에서 3년간 근무했습니다. 현재 다른 합자기업의 영업부 책임자로 옮겨가고자 합니다. 다음 내용을 포함하여 구직서를 작성하십시오.
1. 학력, 근무 경력 및 업무 능력
2. 현재 직장을 떠나는 이유
3. 새로운 직장에 대한 견해

글자수: 250자 이상.
서신용 문체로 작성하십시오.

부 록

상무한어고사 주 감독관 지침

비즈니스 용어 단어표

상무한어고사 주 감독관 지침

1. 상무한어고사(듣기•독해) 주 감독관 지침

1. 수험생이 고사장에 들어가기 전에 답안지는 미리 수험생의 책상 위에 놓는다. 수험생이 고사장에 들어오면 인원수를 센 뒤, 학생들에게 다음 내용을 읽어준다.

여러분, 안녕하십니까! 오늘 상무한어시험에 참여하게 되신 여러분을 만나게 되어 반갑습니다.

지금부터 고사장 규칙을 알려드리겠습니다.

(1) 수험표, 손목시계, 연필과 지우개 및 시험에 필요한 것을 제외한 나머지는 책상 위에 올려놓지 마십시오. 수험표를 책상의 오른쪽 위에 놓으십시오. 휴대폰 등 통신수단은 전원을 끄십시오.

(2) 시험을 보는 도중에 말을 해서는 안 되며, 타인의 답안지를 봐서도 안 되고 타인에게 자신의 답안지를 보여주어서도 안 됩니다.

(3) 자신의 자리를 함부로 옮겨서는 안 되며, 특수한 경우에는 손을 드십시오.

(4) 시험지와 답안지를 고사장 밖으로 가지고 나가서는 안 되며, 시험 문제를 베껴서도 안 됩니다.

지금부터 연필로 답안지에 자신의 수험표에 따라 성명, 국적(혹은 민족), 성별, 번호, 고사장 번호를 적으십시오. 마킹해야 하는 부분은 반드시 굵게 마킹하여 칸을 모두 채우십시오.

(수험생이 상술 내용을 모두 이행했으면 주 감독관은 계속해서 다음 내용을 읽는다.)

감독관께서는 문제지를 교부해주십시오. 수험생 여러분은 문제지를 받으면 열지보지 마시고 문제지를 열어봐도 좋다는 허락이 있을 때까지 기다리십시오.

(교부 후 주 감독관이 다시 말한다.)

답안지에 문제지 번호를 적으십시오. 문제지 번호는 시험지 우측 상단에 있습니다.

지금부터 시험 안내방송을 하겠습니다. 잘 들리지 않는 사람은 손을 드십시오. 그럼, 이어폰을 착용하시기 바랍니다.

2. 음악(중국 민속음악, 30초, 점점 작아진다)

3. 여자 성우

여러분 안녕하세요! 오늘 상무한어고사에 참여하신 여러분 반갑습니다. 좋은 성적 거두시길 바랍니다. 감사합니다.

4. 남자 성우

지금부터 문제지 표지의 주의사항을 보십시오.

(1) 시험 내용은 듣기와 독해 두 가지입니다. 시험 시간은 대략 100분입니다.

(2) 문제를 잘 읽으시고, 정해진 시간 내에 답하시기 바랍니다.

(3)답안은 반드시 답안지에 작성하십시오. 객관식을 풀 때 연필로 답안지의 답안부분을 까맣게 칠하십시오. 모든 문제는 답을 하나씩 마킹하게 되어있습니다. 여러 번 칠하면 무효처리 합니다. 반드시 굵고 진하게 마킹하십시오. 빈 칸 채우기나 짧은 답 작성은 답안지에서 밑줄이 쳐진 곳에 하십시오.

5. 여자 성우

지금 봉인된 문제지를 열어 1쪽을 펴십시오. 듣기 평가는 한 번만 들려드립니다. 그럼, 지금부터 듣기 평가를 시작하겠습니다.

6. 듣기 평가가 끝난 후, 주 감독관이 말한다.

이어폰을 내려놓으십시오. 지금부터 독해 평가를 실시하겠습니다. 51번 문제부터 100번 문제까지 50개의 문항으로 이루어져있으며 소요시간은 60분입니다.

주 감독관은 듣기 평가가 끝난 뒤 표를 작성하고 시작 시간과 끝나는 시간을 칠판의 표에 기록한다.

시험항목	시험문제	시험 시간	시작하는 시간	끝나는 시간
1. 듣기	1-50번	약 40분		
2. 독해	51-100번	60분		

7. 독해평가가 5분 남았을 때 주 감독관은 다음과 같이 말한다.

독해평가가 이제 5분 남았습니다.

8. 독해평가가 끝나면 주 감독관은 다음과 같이 말한다.

독해평가가 끝났습니다. 연필을 내려놓으시고 답안작성을 멈추십시오. 문제지를 덮고 자신의 성명, 국적, 번호 등이 정확한지 적혔는지 확인하십시오. 자리에서 이동하지 마십시오. 감독관께서는 문제지와 답안지를 거두어주십시오.

9. 감독관이 문제지와 답안지를 거두면 잘못된 부분이 없는지 확인한 뒤 주 감독관이 다음과 같이 말한다.

듣기와 독해 평가가 모두 끝났습니다. 모두 수고하셨습니다.

2. 상무한어고사(말하기•작문) 주 감독관 지침

1. 수험생이 고사장에 들어가기 전에 말하기 평가 녹음테이프가 수험생의 책상 위에 놓아져 있어야 한다. 수험생이 고사장으로 들어오면 인원수를 센 뒤, 주 감독관이 수험생에게 다음과 같이 말한다.

> 여러분, 안녕하십니까! 오늘 상무한어시험에 참여하게 되신 여러분을 만나게 되어 반갑습니다.
>
> 지금부터 고사장 규칙을 알려드리겠습니다.
>
> (1) 수험표, 손목시계, 연필과 지우개 및 시험에 필요한 것을 제외한 나머지는 책상 위에 올려놓지 마십시오. 수험표를 책상의 오른쪽 위에 놓으십시오. 휴대폰 등 통신기기의 전원을 끄십시오.
>
> (2) 시험을 보는 도중에 말을 해서는 안 되며, 타인의 답안지를 봐서도 안 되고 타인에게 자신의 답안지를 보여주어서도 안 됩니다.
>
> (3) 자신의 자리를 함부로 옮겨서는 안 되며, 특수한 경우에는 손을 드십시오.
>
> (4) 시험지와 답안지를 고사장 밖으로 가지고 나가서는 안 되며, 시험 문제를 베껴서도 안 됩니다.
>
> 여러분은 먼저 말하기 평가를 실시하고 작문시험을 보게 됩니다.
>
> 감독관께서는 문제지를 교부해주십시오. 수험생 여러분은 문제지를 받으면 열지 보지 마시고 문제지를 열어봐도 좋다는 허락이 있을 때까지 기다리십시오.
>
> (감독관이 말하기 평가와 작문 시험의 문제지와 답안지를 교부한다.)

2. 교부가 끝나면 주 감독관이 다음과 같이 말한다.

> 지금부터 말하기 평가 녹음테이프의 카드를 작성하겠습니다. 카드는 책상 좌측 상단의 테이프 케이스에 들어있습니다. 성명, 국적, 수험번호를 적으십시오. 작성을 마쳤으면 테이프 케이스에 넣으십시오.
>
> 이제 여러분은 말하기 평가 문제지의 주의사항을 보게 됩니다. 보면서 방송을 들으십시오.
>
> 말하기 평가는 녹음하게 되어있습니다. 주의하여 녹음해주시고 녹음 할 때는 출제자의 요구에 따라 대답하십시오.
>
> (1) 우선 출제자는 당신의 이름, 국적, 수험번호를 묻게 됩니다.
>
> (2) 출제자는 문제를 한 번씩 들려주고 여러분이 대답을 준비하도록 할 것입니다.
>
> (3) 준비 시간이 끝나면 배경 음악이 나오게 됩니다. 음악이 끝나면 질문에 대한 답을 말하십시오.
>
> (4) 모든 문제는 정해진 시간이 있으며, 끝나기 10~15초 전에 이를 알리는 음악이 나올 것입니다. 이 때 여러분은 빨리 대답을 마무리 지어야 합니다.

> 말하기 평가가 끝난 후, 녹음이 제대로 되었는지 확인하십시오.
>
> 지금 이어폰을 착용하시고 볼륨을 조절하십시오.
>
> (주 감독관은 수험생 녹음 버튼을 누르고 다음과 같이 말한다.)
>
> 자신의 녹음기가 정상 작동하는지 살펴보십시오. 문제가 있는 사람은 손을 드십시오. (문제가 없으면) 지금부터 말하기 평가를 시작하겠습니다. 녹음된 질문에 답하십시오.
>
> (주 감독관은 녹음기의 작동 버튼을 눌러 문제 녹음을 튼다. 또한 말하기 시험 시작시간을 기록한다.)

3. 말하기 시험이 끝나면 주 감독관은 '정지' 버튼을 누른다. 수험생의 녹음테이프를 앞으로 감은 뒤 다시 방송 버튼을 누르고 다음과 같이 말한다.

> 자신이 말한 내용이 녹음되었는지 들어보십시오. (잠시 들어본 뒤 아무 이상이 없으면 다음 내용을 말한다.)
>
> 이제부터 작문 시험을 실시하겠습니다. 문제지와 답안지가 있습니다. 연필을 이용하여 짧은 글을 답안지에 작성하십시오.
>
> 답안지에 성명, 국적, 수험번호를 적으십시오.
>
> 이제 문제지를 열어 문제를 보십시오. 작문 시험을 실시하겠습니다. 소요시간은 40분입니다.

4. 주 감독관은 시험 시작 후 표를 작성하고 칠판에 시작시간과 끝나는 시간을 적는다.

시험항목	시험문제	시험 시간	시작하는 시간	끝나는 시간
1. 말하기	1-2번	약 10분		
2. 작문	1-2번	40분		

5. 작문 시험이 5분 남았을 때 주 감독관은 다음과 같이 말한다.

> 이제 작문 시험이 5분 남았습니다.

6. 작문 시험이 끝나면 주 감독관은 다음과 같이 말한다.

> 작문 시험이 끝났습니다. 연필을 내려놓으십시오. 수험생 여러분은 자리에서 이동하지 마십시오. 감독관께서는 문제지와 답안지를 회수하여 주십시오.

7. 문제지와 답안지를 거두고 나면 잘못된 부분이 없는지 확인한 뒤 주 감독관이 다음과 같이 말한다.

> 말하기와 작문 평가가 모두 끝났습니다. 모두 수고하셨습니다.

词 语 表

说明：

本词表列出本书习题及解析中出现的与商务活动相关的词语共932个，具体范围如下：

1 HSK丙、丁级词
2 《商务汉语考试大纲·商务汉语常用词语表》
3 超出以上两项范围的词语（均在后面标注"*"）

A

| 1 | 安装 | ānzhuāng | |

B

2	办理	bànlǐ	
3	榜首	bǎngshǒu	*
4	包裹	bāoguǒ	
5	包装	bāozhuāng	
6	饱和	bǎohé	
7	保健	bǎojiàn	
8	保密	bǎomì	
9	保险	bǎoxiǎn	
10	保有	bǎoyǒu	
11	报价	bàojià	
12	报销	bàoxiāo	
13	悲剧	bēijù	
14	背景	bèijǐng	
15	本身	běnshēn	
16	比重	bǐzhòng	
17	币	bì	
18	必	bì	
19	闭幕	bìmù	
20	避开	bìkāi	
21	编号	biānhào	
22	便利店	biànlìdiàn	*
23	变换	biànhuàn	
24	遍及	biànjí	*
25	标志	biāozhì	
26	标注	biāozhù	*
27	并非	bìngfēi	

28	并无	bìngwú	
29	拨号	bōhào	*
30	波动	bōdòng	
31	播	bō	
32	博览会	bólǎnhuì	
33	薄荷	bòhe	*
34	补休	bǔxiū	*
35	不见得	bùjiàndé	
36	不景气	bùjǐngqì	*
37	不满	bùmǎn	
38	布点	bù diǎn	*

C

39	材质	cáizhì	*
40	财富	cáifù	
41	财务	cáiwù	
42	参考	cānkǎo	
43	参与	cānyù	
44	参展	cānzhǎn	
45	蚕食	cánshí	*
46	仓储	cāngchǔ	
47	策略	cèlüè	
48	层次	céngcì	
49	差别	chābié	
50	差错	chācuò	
51	查询	cháxún	
52	产出	chǎnchū	
53	产业	chǎnyè	
54	厂家	chǎngjiā	
55	厂商	chǎngshāng	
56	场地	chǎngdì	
57	场所	chǎngsuǒ	
58	畅销	chàngxiāo	
59	抄送	chāosòng	
60	超负荷	chāo fùhè	*
61	超级	chāojí	
62	炒鱿鱼	chǎo yóuyú	
63	车展	chēzhǎn	
64	称心	chèn xīn	
65	成败	chéngbài	
66	成本	chéngběn	
67	成交	chéngjiāo	

68	成交量	chéngjiāoliàng	
69	成批	chéngpī	
70	成套	chéngtào	
71	成员	chéngyuán	
72	呈现	chéngxiàn	
73	承担	chéngdān	
74	承租	chéngzū	
75	诚	chéng	*
76	程序	chéngxù	
77	吃苦	chī kǔ	
78	持续	chíxù	
79	持有	chíyǒu	
80	冲击	chōngjī	
81	出差	chū chāi	
82	出售	chūshòu	
83	出行	chūxíng	
84	出租	chūzū	
85	厨师	chúshī	
86	储蓄	chǔxù	
87	传媒	chuánméi	*
88	传真	chuánzhēn	
89	床位	chuángwèi	
90	创办	chuàngbàn	
91	创立	chuànglì	
92	创始人	chuàngshǐrén	
93	辞职	cí zhí	
94	此后	cǐhòu	
95	刺激	cìjī	
96	从速	cóngsù	*
97	促销	cùxiāo	
98	脆弱	cuìruò	
99	存本取息	cún běn qǔ xī	
100	存款	cún kuǎn	

D

101	达	dá	
102	答复	dáfù	
103	打折	dǎ zhé	
104	大大	dàdà	
105	大多	dàduō	
106	大幅度	dàfúdù	
107	大吉	dàjí	*

108	大卖场	dàmàichǎng	
109	大写	dàxiě	
110	大致	dàzhì	
111	代表团	dàibiǎotuán	
112	代金券	dàijīnquàn	*
113	代理	dàilǐ	
114	待遇	dàiyù	
115	贷	dài	
116	贷款	dài kuǎn	
117	单间	dānjiān	
118	担保	dānbǎo	
119	担忧	dānyōu	
120	导师	dǎoshī	
121	导致	dǎozhì	
122	到来	dàolái	
123	到目前为止	dào mùqián wéizhǐ	
124	到期	dào qī	
125	到站	dào zhàn	
126	盗版	dào bǎn	*
127	登录	dēnglù	*
128	等级	děngjí	
129	底价	dǐjià	
130	地产	dìchǎn	
131	地铁	dìtiě	
132	递减	dìjiǎn	
133	递增	dìzēng	
134	电钮	diànniǔ	*
135	电气	diànqì	
136	电器	diànqì	
137	电信	diànxìn	
138	电子	diànzǐ	
139	电子商务	diànzǐ shāngwù	
140	电子信箱	diànzǐ xìnxiāng	
141	电子邮件	diànzǐ yóujiàn	
142	调研	diàoyán	
143	叠	dié	
144	订购	dìnggòu	
145	订阅	dìngyuè	
146	定购	dìnggòu	
147	定价	dìngjià	

148	东道主	dōngdàozhǔ	
149	董事长	dǒngshìzhǎng	
150	董事会	dǒngshìhuì	
151	动漫	dòngmàn	*
152	动态	dòngtài	
153	读物	dúwù	
154	独特	dútè	
155	短缺	duǎnquē	
156	对手	duìshǒu	
157	对外	duìwài	
158	对折	duìzhé	
159	多多	duōduō	
160	多于	duōyú	

E

| 161 | 额 | é | |
| 162 | 恶性 | èxìng | |

F

163	发布	fābù	
164	发货	fā huò	
165	发行	fāxíng	
166	法规	fǎguī	
167	法人	fǎrén	
168	反	fǎn	
169	反观	fǎnguān	*
170	反馈	fǎnkuì	
171	反射	fǎnshè	
172	返还	fǎnhuán	
173	房地产	fángdìchǎn	
174	房地产业	fángdìchǎnyè	
175	房型	fángxíng	
176	飞速	fēisù	
177	分布图	fēnbùtú	
178	分店	fēndiàn	
179	分公司	fēngōngsī	
180	份额	fèn' é	
181	份量	fènliàng	
182	风险	fēngxiǎn	

183	蜂拥而至	fēngyōng' érzhì	*
184	服饰	fúshì	
185	福利	fúlì	
186	负责人	fùzérén	
187	负增长	fùzēngzhǎng	
188	复核	fùhé	*
189	覆盖	fùgài	

G

190	改期	gǎi qī	
191	盖章	gài zhāng	
192	干预	gānyù	
193	岗位	gǎngwèi	
194	高档	gāodàng	
195	高额	gāo' é	
196	高峰期	gāofēngqī	
197	高级	gāojí	
198	高速	gāosù	
199	高新技术	gāoxīn jìshù	
200	个性	gèxìng	
201	更换	gēnghuàn	
202	工作日	gōngzuòrì	
203	公告	gōnggào	
204	公关部	gōngguānbù	
205	公平竞争	gōngpíng jìngzhēng	
206	功能	gōngnéng	
207	功效	gōngxiào	
208	供求	gōngqiú	
209	供应	gōngyìng	
210	供应商	gōngyìngshāng	
211	恭请	gōngqǐng	
212	恭喜	gōngxǐ	
213	共事	gòngshì	*
214	购买	gòumǎi	
215	购买力	gòumǎilì	
216	购物	gòuwù	
217	购物中心	gòuwù zhōngxīn	
218	古板	gǔbǎn	*
219	股票	gǔpiào	
220	股市	gǔshì	

221	固然	gùrán	
222	顾问	gùwèn	
223	雇用	gùyòng	
224	关注	guānzhù	
225	观念	guānniàn	
226	观念性	guānniànxìng	
227	管理学	guǎnlǐxué	
228	管制	guǎnzhì	*
229	光临	guānglín	
230	广	guǎng	
231	归还	guīhuán	
232	规划	guīhuà	
233	规矩	guīju	
234	轨道	guǐdào	
235	贵方	guìfāng	
236	滚滚	gǔngǔn	*
237	国产	guóchǎn	
238	国货	guóhuò	
239	国庆节	Guóqìng Jié	
240	国债	guózhài	
241	过度	guòdù	

H

242	涵义	hányì	
243	航班	hángbān	
244	行业	hángyè	
245	豪华	háohuá	
246	豪华车	háohuáchē	
247	好好	hǎohāo	
248	好评	hǎopíng	
249	好使	hǎoshǐ	
250	好学	hàoxué	
251	号召力	hàozhàolì	
252	合并	hébìng	
253	合法	héfǎ	
254	合理化	hélǐhuà	*
255	合资企业	hézī qǐyè	
256	合作者	hézuòzhě	
257	何时	héshí	
258	核定	hédìng	

259	黑洞	hēidòng	*
260	横排	héngpái	
261	红利	hónglì	
262	后退	hòutuì	
263	忽视	hūshì	
264	互惠	hùhuì	
265	互利	hùlì	
266	互联网	hùliánwǎng	
267	户籍	hùjí	*
268	户口	hùkǒu	
269	户名	hùmíng	
270	花费	huāfèi	
271	花色	huāsè	
272	话题	huàtí	
273	黄金地段	huángjīn dìduàn	
274	黄金周	huángjīnzhōu	
275	回报率	huíbàolǜ	
276	回复	huífù	
277	回落	huíluò	
278	汇报	huìbào	
279	汇款	huì kuǎn	
280	会费	huìfèi	
281	会面	huì miàn	
282	会员	huìyuán	
283	会员卡	huìyuánkǎ	
284	会员制	huìyuánzhì	
285	活期	huóqī	
286	火热	huǒrè	
287	伙伴	huǒbàn	
288	获	huò	

J

289	机遇	jīyù	
290	基础设施	jīchǔ shèshī	
291	即将	jíjiāng	
292	即日	jírì	*
293	棘手	jíshǒu	*
294	集团	jítuán	
295	给予	jǐyǔ	
296	计划书	jìhuàshū	

297	纪要	jìyào	*
298	加班	jiā bān	
299	加薪	jiā xīn	
300	家电	jiādiàn	
301	家用	jiāyòng	
302	嘉宾	jiābīn	*
303	甲方	jiǎfāng	
304	假日	jiàrì	
305	检修	jiǎnxiū	
306	简称	jiǎnchēng	
307	简介	jiǎnjiè	
308	简历	jiǎnlì	
309	健身	jiànshēn	
310	鉴定	jiàndìng	
311	降价	jiàng jià	
312	交付	jiāofù	
313	交接	jiāojiē	*
314	交纳	jiāonà	
315	交易	jiāoyì	
316	交易会	jiāoyìhuì	
317	角度	jiǎodù	
318	角落	jiǎoluò	
319	缴纳	jiǎonà	
320	接口	jiēkǒu	*
321	节能	jiénéng	
322	结构性	jiégòuxìng	
323	结晶	jiéjīng	
324	结算	jiésuàn	
325	解除	jiěchú	
326	届满	jièmǎn	*
327	届时	jièshí	
328	借款	jiè kuǎn	
329	金额	jīn' é	
330	金奖	jīnjiǎng	
331	金融	jīnróng	
332	近期	jìnqī	
333	进场	jìnchǎng	*
334	进出口	jìnchūkǒu	
335	进货	jìn huò	
336	进展	jìnzhǎn	

337	经营	jīngyíng	
338	经营管理	jīngyíng guǎnlǐ	
339	经营者	jīngyíngzhě	
340	惊人	jīngrén	
341	精品	jīngpǐn	
342	精细	jīngxì	
343	精英	jīngyīng	*
344	景点	jǐngdiǎn	*
345	景区	jǐngqū	*
346	竞争	jìngzhēng	
347	竞争法	jìngzhēngfǎ	
348	竞争力	jìngzhēnglì	
349	敬请	jìngqǐng	*
350	境内	jìngnèi	*
351	居民	jūmín	
352	巨头	jùtóu	
353	据	jù	
354	据称	jùchēng	*
355	决策者	juécèzhě	
356	决议	juéyì	

K

357	卡	kǎ	
358	开端	kāiduān	*
359	开发	kāifā	
360	开发商	kāifāshāng	
361	开户	kāi hù	
362	开设	kāishè	
363	开拓	kāituò	
364	开张	kāi zhāng	
365	看准	kànzhǔn	
366	考察	kǎochá	
367	科技	kējì	
368	科目	kēmù	
369	客户	kèhù	
370	客户服务部	kèhù fúwùbù	
371	控股	kòng gǔ	
372	口感	kǒugǎn	*
373	口腔	kǒuqiāng	
374	夸奖	kuājiǎng	

375	会计	kuàijì	
376	快递	kuàidì	*
377	快件	kuàijiàn	
378	宽带	kuāndài	
379	款式	kuǎnshì	*
380	亏	kuī	
381	阔边	kuòbiān	

L

382	来电	láidiàn	*
383	来访	láifǎng	
384	来函	láihán	*
385	浪头	làngtóu	*
386	劳动法	láodòngfǎ	
387	劳动者	láodòngzhě	
388	老大	lǎodà	
389	类型	lèixíng	
390	冷清	lěngqīng	
391	礼盒	lǐhé	
392	理念	lǐniàn	*
393	理性	lǐxìng	*
394	力度	lìdù	
395	历次	lìcì	
396	利	lì	
397	利润	lìrùn	
398	利润率	lìrùnlǜ	
399	利息	lìxī	
400	例会	lìhuì	*
401	连锁	liánsuǒ	*
402	连锁店	liánsuǒdiàn	
403	联络	liánluò	
404	联想	liánxiǎng	
405	良性	liángxìng	*
406	拎	līn	*
407	零件	língjiàn	
408	零售	língshòu	
409	零售额	língshòu'é	
410	零售商	língshòushāng	
411	零售业	língshòuyè	
412	零星	língxīng	

413	领带	lǐngdài	*
414	领头	lǐngtóu	
415	领先	lǐngxiān	
416	领衔	lǐngxián	*
417	领域	lǐngyù	
418	另行	lìngxíng	
419	浏览	liúlǎn	*
420	流通业	liútōngyè	*
421	垄断	lǒngduàn	
422	录入	lùrù	*
423	履约保证金	lǚyuē bǎozhèngjīn	
424	略微	lüèwēi	
425	轮	lún	*
426	落实	luòshí	

M

427	买单	mǎi dān	
428	买方	mǎifāng	
429	卖方	màifāng	
430	卖命	mài mìng	
431	没收	mòshōu	*
432	媒体	méitǐ	
433	门市部	ménshìbù	
434	秘书	mìshū	
435	密码	mìmǎ	
436	免	miǎn	
437	免费	miǎn fèi	
438	面对	miànduì	
439	面试	miànshì	
440	面值	miànzhí	
441	民营	mínyíng	
442	名称	míngchēng	
443	名单	míngdān	
444	名列	mínglìè	*
445	明目	míngmù	*
446	明星	míngxīng	

N

| 447 | 内地 | nèidì | |

448	内在	nèizài	
449	那口子	nàkǒuzi	*
450	难得	nándé	
451	年龄段	niánlíngduàn	
452	浓郁	nóngyù	*
453	弄错	nòngcuò	

P

454	排列	páiliè	
455	排名	páimíng	
456	牌子	páizi	
457	陪同	péitóng	
458	培训	péixùn	
459	培育	péiyù	
460	赔偿金	péichángjīn	
461	配套	pèitào	
462	配置	pèizhì	
463	批发价	pīfājià	
464	疲惫	píbèi	
465	媲美	pìměi	*
466	偏低	piāndī	
467	篇幅	piānfú	
468	频繁	pínfán	
469	品牌	pǐnpái	
470	品质	pǐnzhì	
471	聘请	pìnqǐng	
472	平台	píngtái	
473	平头	píngtóu	*
474	评选	píngxuǎn	
475	凭	píng	
476	破产	pò chǎn	
477	铺位	pùwèi	
478	葡萄酒	pútaojiǔ	

Q

479	期限	qīxiàn	
480	其	qí	
481	其后	qíhòu	
482	其实	qíshí	

483	歧义	qíyì	*
484	启动	qǐdòng	
485	启事	qǐshì	
486	迄今为止	qì jīn wéi zhǐ	*
487	洽谈	qiàtán	
488	洽谈会	qiàtánhuì	
489	仟	qiān	
490	签署	qiānshǔ	
491	签字	qiān zì	
492	前来	qiánlái	
493	前列	qiánliè	
494	前沿	qiányán	*
495	潜力	qiánlì	
496	勤奋	qínfèn	
497	青睐	qīnglài	*
498	清心	qīngxīn	*
499	求职	qiú zhí	
500	求职信	qiúzhíxìn	
501	求职者	qiúzhízhě	
502	区域	qūyù	
503	曲线	qūxiàn	
504	取道	qǔdào	*
505	取款	qǔ kuǎn	
506	全球	quánqiú	
507	全球化	quánqiúhuà	
508	全文	quánwén	
509	全新	quánxīn	
510	权利	quánlì	
511	缺憾	quēhàn	*
512	确认	quèrèn	
513	群体	qúntǐ	

R

514	让步	ràngbù	
515	热门	rèmén	*
516	热销	rèxiāo	
517	人潮	réncháo	*
518	人次	réncì	
519	人际关系	rénjì guānxi	
520	人间	rénjiān	

521	人力资源	rénlì zīyuán	
522	人力资源部	rénlì zīyuánbù	
523	人士	rénshì	
524	人事	rénshì	
525	人事部	rénshìbù	
526	认证	rènzhèng	
527	任	rèn	
528	日前	rìqián	*
529	日益	rìyì	
530	日用	rìyòng	
531	荣获	rónghuò	*
532	容积率	róngjīlǜ	*
533	容纳	róngnà	
534	如此	rúcǐ	
535	如下	rúxià	
536	如有	rúyǒu	*
537	入场券	rùchǎngquàn	*
538	若	ruò	
539	若干	ruògān	

S

540	擅长	shàncháng	
541	商界	shāngjiè	
542	商贸	shāngmào	*
543	商洽	shāngqià	
544	商谈	shāngtán	
545	商讨	shāngtǎo	
546	商务	shāngwù	
547	商务车	shāngwùchē	
548	商业区	shāngyèqū	
549	商业中心	shāngyè zhōngxīn	
550	上门	shàng mén	
551	上上下下	shàngshàngxiàxià	
552	上升	shàngshēng	
553	上市	shàng shì	
554	上市公司	shàngshì gōngsī	
555	上司	shàngsi	*
556	上网	shàng wǎng	
557	上文	shàngwén	*
558	少量	shǎoliàng	

559	设	shè	
560	涉外	shèwài	
561	涉足	shèzú	*
562	身份	shēnfèn	
563	身份证	shēnfènzhèng	
564	审议	shěnyì	
565	生态	shēngtài	
566	生效	shēng xiào	
567	省事	shěng shì	*
568	胜出	shèngchū	*
569	剩余	shèngyú	
570	实力	shílì	
571	实施	shíshī	
572	实习	shíxí	
573	食宿	shísù	*
574	市场占有率	shìchǎng zhànyǒulǜ	
575	市政	shìzhèng	*
576	式	shì	
577	式样	shìyàng	
578	事项	shìxiàng	
579	事宜	shìyí	*
580	势头	shìtóu	*
581	视觉	shìjué	
582	试图	shìtú	*
583	是否	shìfǒu	
584	收订	shōudìng	
585	收件人	shōujiànrén	
586	收益	shōuyì	
587	手册	shǒucè	*
588	首次	shǒucì	
589	首届	shǒujiè	*
590	首选	shǒuxuǎn	*
591	售后服务	shòuhòu fúwù	
592	售货员	shòuhuòyuán	
593	授权	shòuquán	*
594	授予	shòuyǔ	
595	竖	shù	
596	竖排	shùpái	
597	数额	shù'é	
598	衰退	shuāituì	

599	爽快	shuǎngkuai	
600	说法	shuōfǎ	
601	说服力	shuōfúlì	
602	说好	shuōhǎo	
603	思路	sīlù	*
604	俗气	súqi	*
605	速	sù	
606	速递	sùdì	*
607	缩短	suōduǎn	
608	所需	suǒxū	
609	所在	suǒzài	
610	索取	suǒqǔ	*
611	索要	suǒyào	*
612	索引	suǒyǐn	*

T

613	掏钱	tāo qián	
614	陶吧	táobā	*
615	陶器	táoqì	*
616	淘汰	táotài	
617	套餐	tàocān	
618	特定	tèdìng	
619	特色	tèsè	
620	特邀	tèyāo	
621	提及	tíjí	
622	提醒	tíxǐng	
623	体制	tǐzhì	
624	挑剔	tiāoti	*
625	条款	tiáokuǎn	
626	调息	tiáo xī	
627	挑战	tiǎozhàn	
628	跳槽	tiào cáo	
629	停车库	tíngchēkù	
630	停车位	tíngchēwèi	
631	停靠	tíngkào	
632	通报	tōngbào	
633	通知书	tōngzhīshū	
634	同比	tóngbǐ	
635	同等	tóngděng	
636	同行	tóngháng	

637	同期	tóngqī	
638	同事	tóngshì	
639	同台	tóngtái	
640	同一	tóngyī	
641	统计	tǒngjì	
642	统计表	tǒngjìbiǎo	
643	头儿	tóur	
644	投诉	tóusù	*
645	投资	tóu zī	
646	投资公司	tóuzī gōngsī	
647	投资人	tóuzīrén	
648	投资者	tóuzīzhě	
649	透露	tòulù	*
650	透明	tòumíng	
651	突破	tūpò	
652	团队	tuánduì	*
653	团队精神	tuánduì jīngshén	*
654	推出	tuīchū	
655	退货	tuì huò	
656	妥	tuǒ	
657	拓展	tuòzhǎn	*

W

658	外贸	wàimào	
659	外送	wàisòng	
660	外资	wàizī	
661	完毕	wánbì	
662	完善	wánshàn	
663	挽留	wǎnliú	*
664	晚辈	wǎnbèi	*
665	晚宴	wǎnyàn	
666	网	wǎng	
667	网络	wǎngluò	
668	网站	wǎngzhàn	
669	网址	wǎngzhǐ	
670	旺	wàng	*
671	旺季	wàngjì	
672	违约	wéi yuē	
673	维持	wéichí	
674	位居	wèijū	

675	位于	wèiyú	
676	文秘	wénmì	
677	握住	wòzhù	
678	无可	wúkě	
679	无奈	wúnài	
680	无形	wúxíng	
681	无疑	wúyí	

X

682	西服	xīfú	
683	西式	xīshì	
684	吸取	xīqǔ	
685	系列	xìliè	
686	细节	xìjié	
687	下级	xiàjí	
688	下降	xiàjiàng	
689	下列	xiàliè	
690	下属	xiàshǔ	*
691	显示	xiǎnshì	
692	现	xiàn	
693	现钞	xiànchāo	
694	现代感	xiàndàigǎn	
695	现付	xiànfù	
696	现汇	xiànhuì	
697	现金	xiànjīn	
698	现状	xiànzhuàng	
699	线路	xiànlù	
700	限定	xiàndìng	*
701	相对	xiāngduì	
702	相关	xiāngguān	
703	相邻	xiānglín	
704	香味	xiāngwèi	
705	香型	xiāngxíng	*
706	箱	xiāng	
707	享有	xiǎngyǒu	
708	消费品	xiāofèipǐn	
709	消费者	xiāofèizhě	
710	销量	xiāoliàng	
711	销路	xiāolù	
712	销售	xiāoshòu	

713	销售额	xiāoshòu'é	
714	销售量	xiāoshòuliàng	
715	潇洒	xiāosǎ	*
716	小吃	xiǎochī	*
717	小写	xiǎoxiě	
718	小型	xiǎoxíng	
719	效力	xiàolì	
720	效用	xiàoyòng	*
721	协定	xiédìng	
722	协调	xiétiáo	
723	斜线	xiéxiàn	*
724	心理	xīnlǐ	
725	新款	xīnkuǎn	
726	新型	xīnxíng	
727	新颖	xīnyǐng	
728	薪酬	xīnchóu	
729	薪水	xīnshuǐ	
730	行程	xíngchéng	
731	休假	xiū jià	*
732	休闲	xiūxián	*
733	修订	xiūdìng	
734	修好	xiūhǎo	
735	修理工	xiūlǐgōng	
736	须	xū	
737	需	xū	
738	需求	xūqiú	
739	续约	xù yuē	*
740	续租权	xùzūquán	*
741	宣传画	xuānchuánhuà	
742	宣告	xuāngào	
743	选定	xuǎndìng	
744	血压	xuèyā	
745	血脂	xuèzhī	*
746	寻求	xúnqiú	
747	逊色	xùnsè	*

Y

748	眼球	yǎnqiú	*
749	宴席	yànxí	
750	洋货	yánghuò	*

751	邀	yāo	
752	邀请函	yāoqǐnghán	
753	邀请信	yāoqǐngxìn	
754	要素	yàosù	
755	业	yè	*
756	业绩	yèjì	
757	业务量	yèwùliàng	*
758	业务员	yèwùyuán	*
759	一并	yībìng	*
760	一分价钱一分货	yīfēnjiàqián yīfēnhuò	
761	一流	yīliú	
762	一日千里	yī rì qiān lǐ	*
763	医药	yīyào	
764	依次	yīcì	
765	依旧	yījiù	
766	依然	yīrán	
767	壹	yī	
768	宜	yí	*
769	移动电话	yídòng diànhuà	
770	乙方	yǐfāng	
771	以便	yǐbiàn	
772	义务	yìwù	
773	因	yīn	
774	因故	yīngù	
775	饮品	yǐnpǐn	
776	应届	yīngjiè	*
777	迎春	yíngchūn	*
778	迎来	yínglái	
779	营销	yíngxiāo	
780	营业部	yíngyèbù	
781	营业额	yíngyè'é	
782	应聘	yìngpìn	
783	拥有	yōngyǒu	
784	用户	yònghù	
785	用来	yònglái	
786	用人单位	yòngrén dānwèi	
787	用心	yòngxīn	
788	用于	yòngyú	
789	优惠	yōuhuì	
790	优惠价	yōuhuìjià	

791	优惠券	yōuhuìquàn	
792	优势	yōushì	
793	优先	yōuxiān	
794	优质	yōuzhì	
795	尤为	yóuwéi	*
796	邮编	yóubiān	
797	邮件	yóujiàn	
798	邮政	yóuzhèng	
799	游客	yóukè	
800	游人	yóurén	
801	友人	yǒurén	
802	有偿	yǒucháng	*
803	有机	yǒujī	
804	有理	yǒulǐ	
805	有权	yǒuquán	
806	有所	yǒusuǒ	*
807	有限	yǒuxiàn	
808	有限公司	yǒuxiàn gōngsī	
809	有意	yǒuyì	
810	有意者	yǒuyìzhě	*
811	有助于	yǒuzhùyú	
812	幼童	yòutóng	
813	娱乐	yúlè	
814	逾期	yúqī	
815	与其	yǔqí	
816	语文	yǔwén	
817	预备会议	yùbèi huìyì	
818	预订	yùdìng	
819	预付	yùfù	
820	预约	yùyuē	
821	欲	yù	
822	员工	yuángōng	*
823	原	yuán	
824	原定	yuándìng	
825	原理	yuánlǐ	
826	原始	yuánshǐ	
827	原装	yuánzhuāng	*
828	约定	yuēdìng	
829	跃升	yuèshēng	*
830	运行	yùnxíng	

Z

831	杂志社	zázhìshè	
832	再版	zàibǎn	
833	赞赏	zànshǎng	
834	赞同	zàntóng	
835	增长点	zēngzhǎngdiǎn	
836	增长率	zēngzhǎnglǜ	
837	赠品	zèngpǐn	
838	赠送	zèngsòng	
839	展	zhǎn	
840	展示	zhǎnshì	
841	展台	zhǎntái	
842	展厅	zhǎntīng	
843	展望	zhǎnwàng	
844	占据	zhànjù	
845	占用	zhànyòng	
846	占有	zhànyǒu	
847	战略	zhànlüè	
848	张贴	zhāngtiē	*
849	长辈	zhǎngbèi	*
850	账户	zhànghù	
851	招	zhāo	
852	招聘	zhāopìn	
853	招租	zhāozū	
854	照射	zhàoshè	
855	折扣	zhékòu	
856	折射	zhéshè	*
857	争夺	zhēngduó	
858	整	zhěng	
859	整体	zhěngtǐ	
860	正视	zhèngshì	*
861	证件	zhèngjiàn	
862	证书	zhèngshū	
863	支付	zhīfù	
864	支票	zhīpiào	
865	知识分子	zhīshi fènzi	
866	执	zhí	*
867	直达	zhídá	
868	直飞	zhífēi	

869	直行	zhíxíng	
870	职位	zhíwèi	
871	职员	zhíyuán	
872	止咳	zhǐ ké	*
873	只顾	zhǐgù	
874	只需	zhǐxū	
875	指标	zhǐbiāo	
876	制	zhì	
877	制造业	zhìzàoyè	
878	质检	zhìjiǎn	*
879	滞纳金	zhìnàjīn	
880	中方	zhōngfāng	
881	忠诚度	zhōngchéngdù	*
882	衷心	zhōngxīn	
883	众多	zhòngduō	
884	重要性	zhòngyàoxìng	
885	周边	zhōubiān	
886	周期	zhōuqī	
887	诸多	zhūduō	*
888	主办单位	zhǔbàn dānwèi	
889	主持人	zhǔchírén	
890	主管	zhǔguǎn	
891	主题	zhǔtí	
892	主体	zhǔtǐ	
893	助理	zhùlǐ	
894	抓住	zhuāzhù	
895	专利	zhuānlì	
896	专人	zhuānrén	
897	专线	zhuānxiàn	
898	赚	zhuàn	
899	赚钱	zhuàn qián	
900	撰写	zhuànxiě	*
901	装配线	zhuāngpèixiàn	
902	装修	zhuāngxiū	
903	追求	zhuīqiú	
904	咨询	zīxún	
905	咨询公司	zīxún gōngsī	
906	资金	zījīn	
907	子公司	zǐgōngsī	
908	自身	zìshēn	

909	自由竞争	zìyóu jìngzhēng	
910	自愿	zìyuàn	
911	自主经营	zìzhǔ jīngyíng	
912	总部	zǒngbù	
913	总裁	zǒngcái	
914	总额	zǒng'é	
915	总监	zǒngjiān	
916	总台	zǒngtái	*
917	总之	zǒngzhī	
918	走廊	zǒuláng	
919	走向	zǒuxiàng	
920	租	zū	
921	租金	zūjīn	
922	租赁	zūlìn	
923	租用	zūyòng	
924	足够	zúgòu	*
925	阻碍	zǔ'ài	
926	组合	zǔhé	
927	组装	zǔzhuāng	*
928	最佳	zuìjiā	
929	最终	zuìzhōng	
930	坐落	zuòluò	*
931	做客	zuò kè	*
932	做事	zuò shì	

MEMO